雑炊 卓あの すとり レタス トマト さつま芋 りんご 玉ねぎ	12月29日(日) 晴 (鈴木喜さん男物手袋の ため年末年始出勤 京急ストア、集荷やき 和田さんご夫妻 浅草おみやげ 人形焼き	o あじの干物(高清) o かまぼこ(くちがわり) (えび入り) o おとうふあんかけ o おみおつけ(わかめ)	朝 ロールパン、牛乳 ゆでたまご ヨーグルト レタス トマト さつま芋 りんご きゅうり おやつ 人形やき
牛乳 子 ルト レタス ポテト 干しえび 生しいたけ トマト	12月30日(月) 晴 (富士山がとても 美しくみえた)	o 牛肉と野菜のいためもの (牛肉、キャベツ、もやし 生しいたけ、玉ねぎ) o ひらめのおさしみ(残り) o かまぼち o おみおつけ(おとうふ)	朝 食パン、牛乳 ゆで玉子 レタス さつま芋 もやし りんご おやつ きなこもち
乳 ウグ ト トマト レタス きゅうり 玉ねぎ にんじん	12月31日(火) 晴	o 梅鯛の塩焼き o なます o 黒豆甘煮 o おみおつけ(わかめ) おせち用意 ―(とり、あかめ芋、こんにゃく 生しいたけ、れんこん 玉子やき、かまぼこいろいろ なます、大根、にんじん ゆず、油あげ、しいたけ)	朝 食パン、牛乳 ベーコンエッグ ヨーグルト コーンフレーク レタス さつま芋 りんご もやし おやつ ぬれ甘納豆
牛乳 る ト タス マト つま芋 んご ごどり	1月1日(水) 晴 平成4年 (1992年) (中尾さん年賀)	o まぐろのおさしみ o のり o おせち料理 o おみおつけ(おとうふ)	朝 お雑煮 (とり、みつば) おせち料理

沢村貞子の献立日記

高橋みどり　黒柳徹子
山田太一　笹本恒子 ほか

とんぼの本
新潮社

沢村貞子。代々木上原の自宅で。
着物は縞が好みだった。1990年。

目次

初心を貫いた人——私の「母さん」

黒柳徹子

もう、五十年くらいも前のこと。「若い季節」という、何年も続いたNHKのテレビドラマで、私は、沢村貞子さんと出会った。そのドラマには、森光子さん、クレージーキャッツの皆さん、渥美清さん、坂本九さん、榎本健一さん、三木のり平さん、古今亭志ん朝さん等々、たくさんのスターが出ていた。

のちに大河ドラマの枠になる、日曜日の夜八時からの番組だった。当時は生放送なので、リハーサルが終わると、放送開始まで休憩がある。私たちは、大勢で、NHKの近くにできたばかりの四川料理の店へ、よく出かけた。みんな、まだ若くて、おなかを空かせてて、お金がなかった。海老チリなんかを頼むと、私がすばやく数えて、「一人三匹よ！」と叫ぶので、渥美さんが、含み笑いをしながら、「お嬢さん（私のこと）、いつか、おれが稼いで、数えずに食べられるようにしてやるよ」と言ってくれた。

沢村さんは、あの頃まだ五十代だったけど、「私たち年寄りは、新陳代謝が悪くなってるからね」と、消化のいいお菜で、お弁当を作ってきていた。私は、つくねとか煮物なんかが入ったお弁当があまりにもおいしそうで、みんなと食べに行かずに、図々しく、沢村さんのお弁当を分けてもらうことが多くなった。

何がきっかけだったか、そのうち沢村さんのことを、母さん、と呼ぶようになり、代々木上原にあったお家にも、たびたび伺うような仲になった。母さんのご主人は大橋恭彦さんといって、「映画芸術」という雑誌を作っていた評論家だ。私は、大橋さんのことを、父さん、と呼

左頁／1990年に引越した葉山の秋谷の部屋で。
1994年に夫を亡くしてからは、この双眼鏡でよく海を眺めた。1996年、亡くなる年の写真。

んだ。

「映画芸術」はいつも赤字だったから、母さんの稼ぎで、生活を支え、雑誌の人たちのお給料まで出していた。父さんは明治の男で、一人では何もできない。だから母さんは、撮影所やテレビ局からできるだけ早く帰って、父さんの世話をしないといけなかった。母さんから、「あたしは、父さんがいるから、仕事三〇％、家のこと七〇％でやってるのよ」と打ち明けられたこともある。これには、吃驚した。現場では、ちょっと、こわいかな、と思われるくらいの、プロの女優そのものなのに！　仕事を受けるかどうか、決めるのだって、父さんの意見やご機嫌が何より優先された。

二人は、今でいう、ダブル不倫だった。京都の新聞記者だった父さんは、すべてを捨てて、母さんと暮し始めた。父さんは、あだ名の「殿さま」そのままに振舞って、一度も感謝の言葉を口にすることはなかった。何しろ、母さんの上手な手料理に、おいしい、とさえ言わないのだから、徹底している。私が、父さんに、「どうして、おいしいって言わないの？」と聞くと、不思議そうな顔をして、「おいしくなかったら、食べないよ」と答えた。

でも、「ごめんね、とか、ありがとう、とか、父さんに言われたら、やって来られなかった」と、母さんは言っていた。父さんのプライドを大事にしていたのだ。そして、父さんには、二人が出会う前のことを、決して聞かないの、とも言った。

長い歳月がたって、母さんは女優を引退し、父さんの希望で、海の見える葉山のマンションへ引っ越した。その新居で、金婚式の記念に本を作ろうという話が出版社とまとまって、二人は一章ずつ交互に書いていくことにした。ところが父さんが、一回目を書き上げたところで突然、亡くなってしまった。

母さんは、「もう、何も書けない」と泣きじゃくった。私が「母さんが死んだら、父さんに会える？」と聞くと、母さんは、「そりゃ、会えるよ」と、心から信じている顔で肯いた。「なら、次に父さんに会った時、『あの一回目の続きは？』って聞かれたら、何て言うの？」。母さ

上／夫の大橋恭彦と。手にする本は依田義賢著『溝口健二の人と芸術』。

んは気を取り直し、一年後、『老いの道づれ　二人で歩いた五十年』という本を書き上げた。

執筆中、母さんは原稿用紙がなくなったので、父さんの遺した原稿用紙を取り出した。すると、間に挟むようにしてあった、父さんの字の原稿を見つけたのだ。それは、別れの言葉、と題されていた。あきらかに、発表するつもりのものではなく、自分が死んだ後に、母さんにだけ読んでもらいたい、殿さまからのラブレター同然の原稿だった。

「今日のこのおだやかなひととき、ひとときの延長線は、彼女の言うように、間もなく断ち切られてしまう。（中略）二人のうちの一人が、生きる張り合いを失い、泣きながら

『永い間、お世話になりました。ありがとう。さようなら』

を言わなければならない。その日は二人がどうもがいても、叫んでも避けられはしない。

そして、その葬送の日のたった一つの心の寄りどころは（来世）という想像もつかない虚空の一点で、今日と同じ笑顔で、今日と同じやさしい眼で、今日と同じ見なれた着物を着て待っていてくれる人がいることを、信じるほかはないのだ」

「生来、愚鈍な上に学もない、貧しくて小心な落ちこぼれ人間でしかなかった私が、戦後、無一文のどん底から、なんとか生きのびてこられたのは、唯ひとり、貞子という心やさしく、聡明な女性にめぐり遭えたからである。

その意味で、これは、一人のハンパ人間が、思いもかけぬ幸運に恵まれた（ある果報者の軌跡）といえるかも知れない。……ありがとう」と、書かれてあった。「ありがとう、なんか言われなくていい」と言い続けてきた母さんが、この予想だにしなかったプレゼントには涙ぐんで喜んだ。

『老いの道づれ』が出版され、「徹子の部屋」が二十一年目に入る記念の日に、母さんはゲストとして出演してくれた。その帰りの車中で、母さんが女優を辞めるまで運転手を長く勤めた佐久間さんに向かって、「ああ、これで全部、終わったね……二週間も食べなければ、死ねるかね？」と言ったという。

上／1992年に「小説新潮」の取材で沢村さんを訪ねた篠山紀信が撮影。沢村さんの笑顔が印象深い。

その半年後、父さんの三回忌をきちんと済ませた直後、母さんは床に臥せった。芝居の旅が終わり、葉山へ駆けつけた私に、「私、あなたが大好きよ。逢えて良かった。うれしいわ」と言ってくれた。

私においしいお寿司を取ってくれ、「せっかく来てくれたんだもの、起きて食べるわ」と、母さんはスープを飲んだ。母さんは、父さんが亡くなってからは、お料理への興味をまったく失っていた。この日を最後に、母さんは一切の食事を摂らなくなった。

それから数週間、私は時間の許す限り、葉山へ母さんを見舞った。ベッドの脇に座って、くだらない話をして笑ったり、手を握ったりして、時間を過ごした。亡くなる二日前、目を開けるのも大儀そうな母さんが、両手を広げたから、私はその胸に顔を埋めた。母さんは、背中を優しく叩いてくれた。(あ、母さんは、「もう、いいから。これで、最後にしようね、さよなら!」って言ってるんだ)と、私にはわかった。毎日お見舞いに行っていたのに、二日行かなかった。そして、母さんの訃報が届いた。一九九六年の夏の出来事。

死顔は、本当に満足そのものの顔つきだった。母さんの甥の津川雅彦さんが、「これは、もう会えた顔だなあ」と、私に呟いた。母さんも父さんも信じたように、二人は会えたのだ。

父さんの没後、母さんが新しく買ったものはたった一つ、ドイツ製の大きな双眼鏡だけ。ベランダに面したリビングの一隅に三脚を立て、その上に双眼鏡を乗せて、二人の骨を撒くのはどのへんがいいかと、相模灘をしょっちゅう眺めていた。私たちは、母さんが決めた場所まで船を出し、散骨をした。二人の真白い骨が、きらめきながら海の底へと消えていった。

母さんは戦前、治安維持法違反で逮捕され、仲間がどんどん転向していく中で、どうして、みんなが幸せに暮らそうと言ったらいけないんですかと、頑張り続けた。そのため、一人だけ、二年近くも監獄から出られなかった。そんな激しい人、意志を貫く人らしく、愛すべき相手を愛し抜いて、八十七年の生涯を終えた。

母さんの双眼鏡は、形見として、私の家にある。

上・左頁/形見の双眼鏡と、葉山の家の前の海。

沢村貞子の献立

沢村さんが57歳から84歳までの27年間、一日も欠かさずに記した「献立日記」。それは料理の記録でありながら、名女優にして名文家でもあった沢村貞子という人の、暮しかた、愛しかた、生きかたの記録でもありました。かねてより沢村さんを敬愛するフードスタイリストの高橋みどりさんが、その全36冊を読み、料理を作り、思いを語ります。

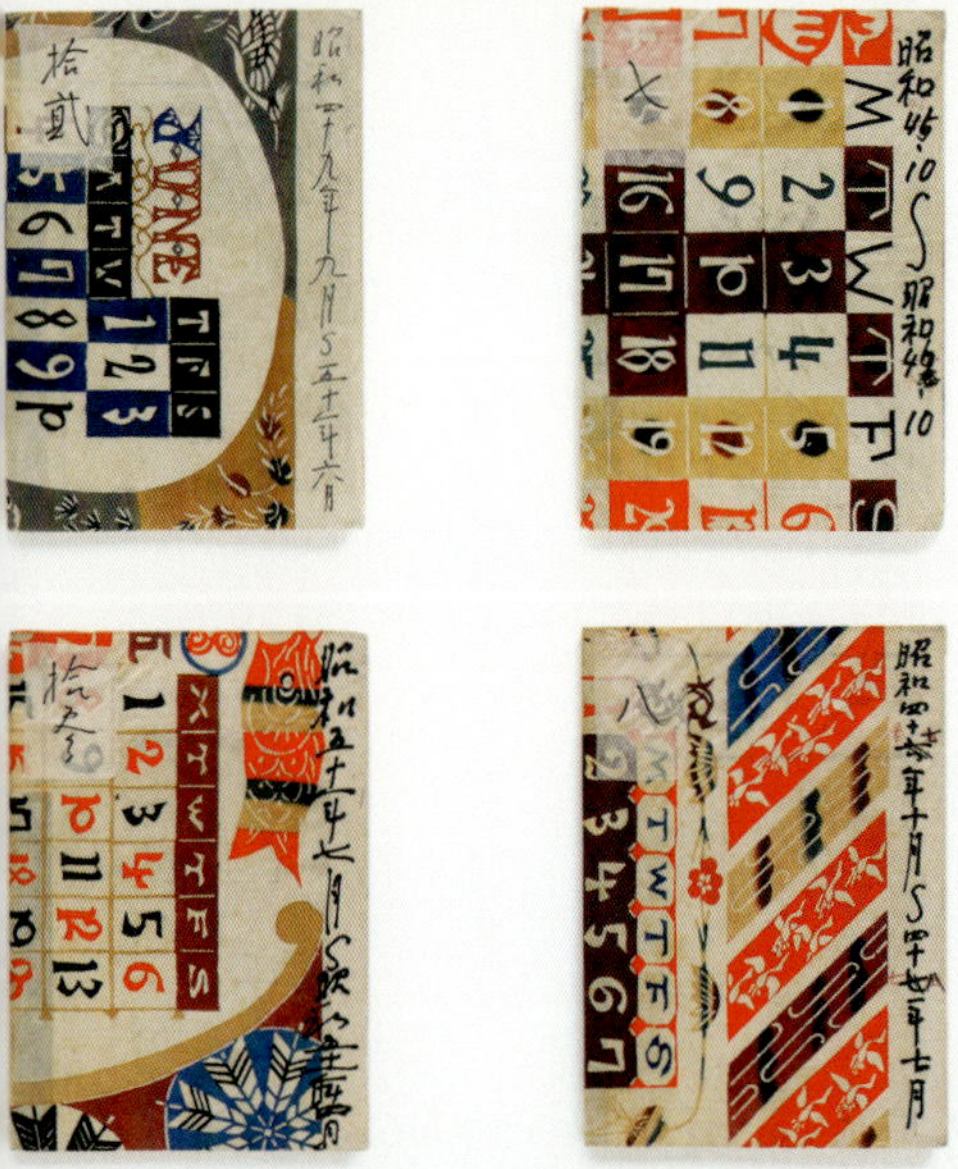

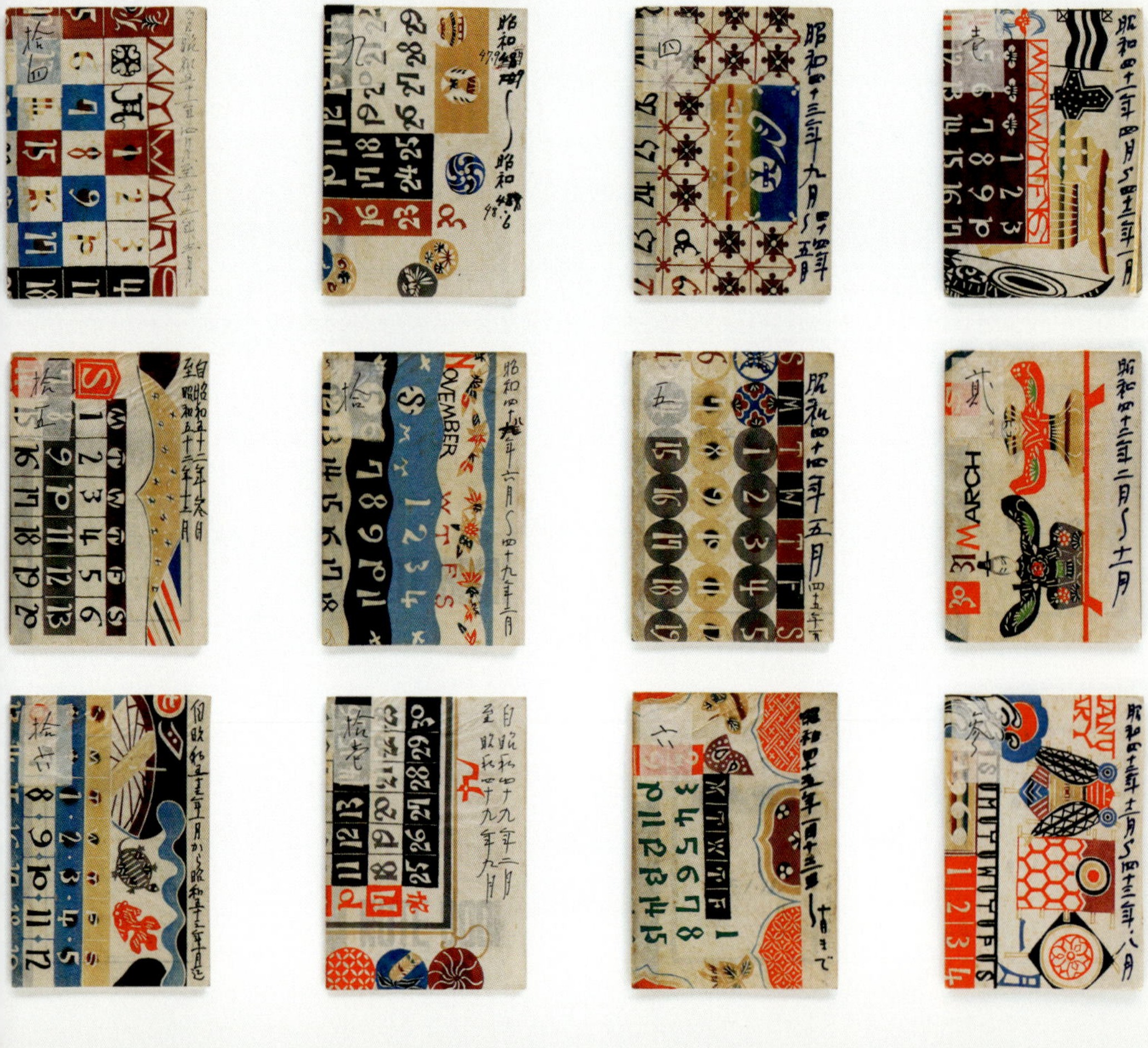

献立日記の全36冊。そのほとんどが芹澤銈介の絵暦で包まれ、夫の大橋さん筆の題簽を付す。

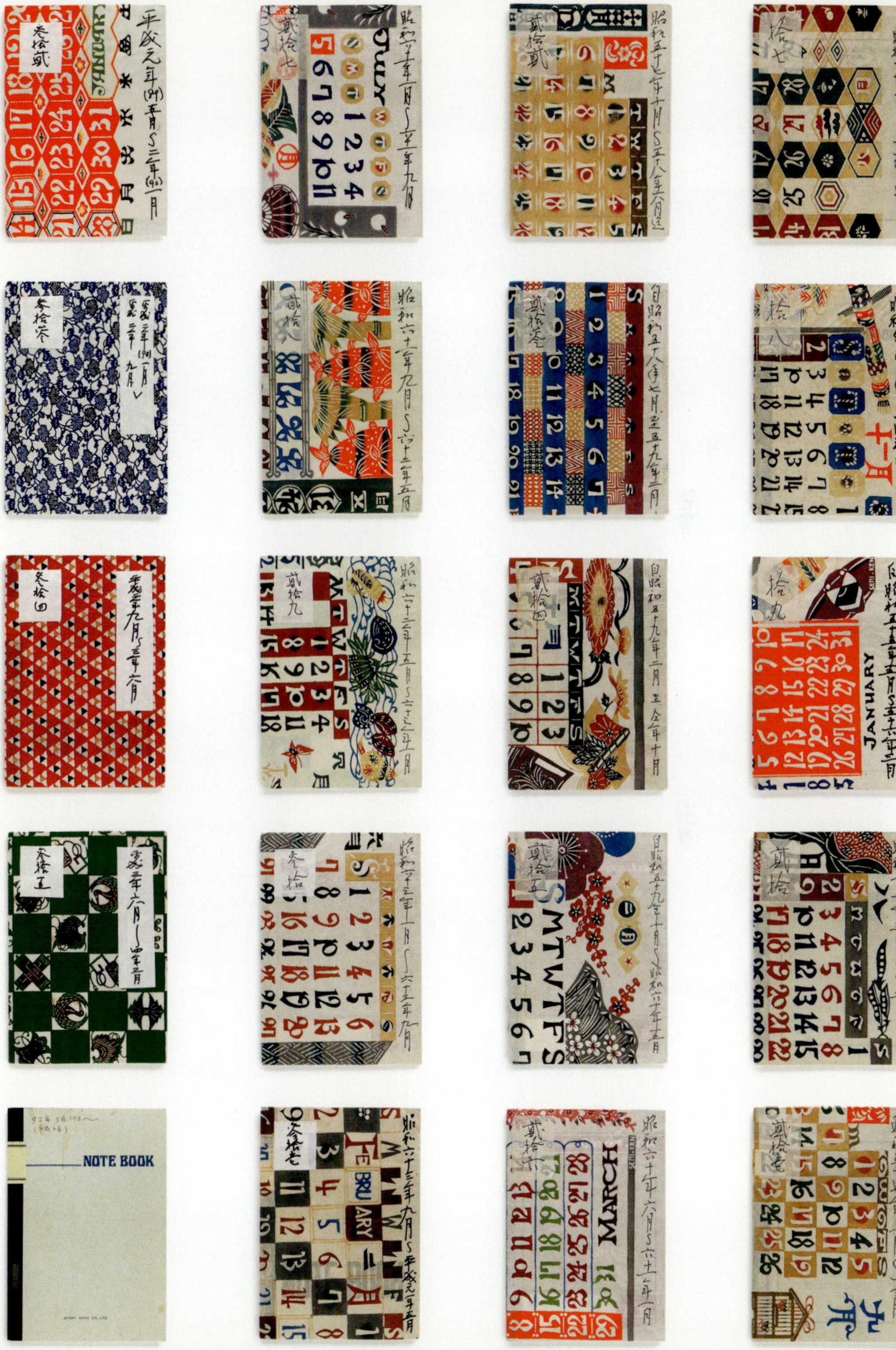
NOTE BOOK
JANUARY
MARCH

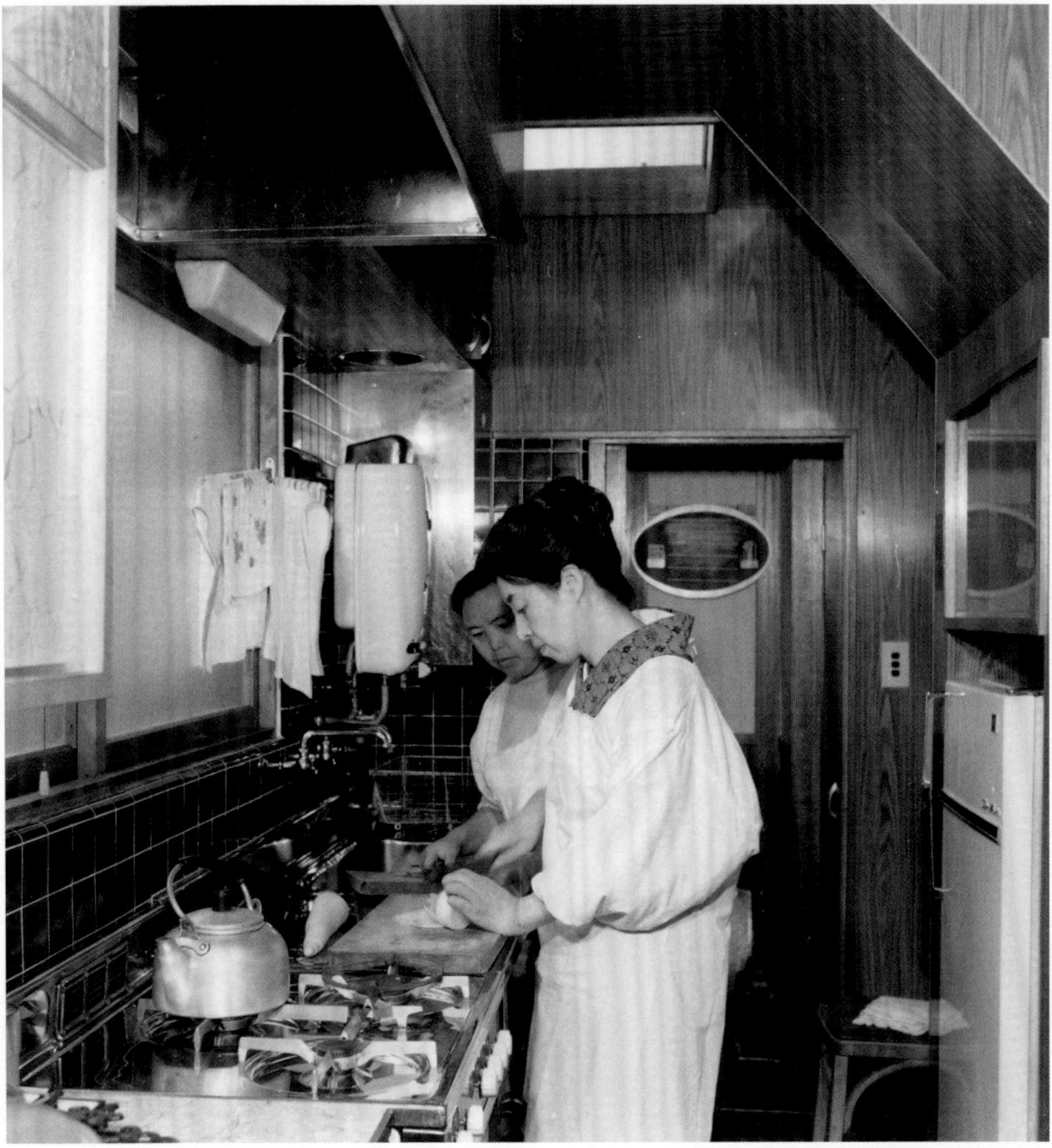

代々木上原の自宅の台所で大根を
切る沢村さん。隣はお手伝いさん。

わたしの献立日記

沢村貞子

二十九冊目の「献立日記」に表紙をつけた。わが家の朝晩の献立をつけておく粗末な大学ノートを、古い民芸カレンダーでくるむのは、せめてものお洒落《しゃれ》ごころである。表紙の右端に日附を書いておく。

〈昭和六十一年五月～六十二年一月〉

第一冊目の日附は、昭和四十一年四月、となっているから、二十二年間、書きつづけたわけである。廊下の本棚の隅に折り重なっているのを見ると――よくまあ、飽きもしないで……とわれながらおかしくなる。三十冊目のノートも、もう残りは半分。一冊が八カ月分くらいの割合になっている。

最初は、仕事をもつ主婦のほんのちょっとした思いつきだった。

あの頃は、夫婦とも忙しかった。家人は月刊雑誌「映画芸術」の発行で目がまわるようだったし、私は私で、テレビの連続ドラマ――TBS「青年の樹」、NHK「あしたの家族」につづいて、大映映画「悪名桜」、松竹映画「紀ノ川」と追いまくられていた。お互いに、丈夫とは言えないもの同士――なんとか、無事に働くためには食物がなにより大切、ということは身にしみてわかっていた。とにかく、おいしく食べなければ……それだけだった。

朝、床の中で眼をさますとすぐ考えるのは、その日の献立だった。雨戸の隙間から明るい陽の光が洩れていれば――サッパリと口当りのいいちらしずしなど、どうかしら……冷たい雨が庇《ひさし》を叩いていれば、温かい鍋物にしようか、など……冷蔵庫の中味もいっしょに思案するのが習慣になっていた。

幼いときから台所仕事を仕込まれていたおかげで料理をするのは、さしておっくうではなか

4月22日 金	牛肉バタ焼 そら豆 白ソース和 小松菜.蒲鉾煮浸し 若芽の味噌汁
4月23日 土	豆御飯 いわし丸干 かまぼこ 春菊おしたし 大根千切味噌汁
4月24日 日	外出食事なし
4月25日 月	ぶり照焼 小松菜とかまぼこ煮付 煮豆 豆腐の味噌汁
4月26日 火	ピース御飯 とりのから揚 つまみ菜のおしたし 胡瓜の酢の物 豆腐 油揚の味噌汁

29冊目の献立日記。民芸カレンダーはこんなふうに再利用された。

った。ただ、困ったのは、私の仕事の時間が決まっていない、ということだった。

朝の早い日、夜のおそい日——スケジュールはすべて向うさま——現場次第である。今夜はおそくなる、とわかっているときは、朝、出がけに家人の夕飯を——温めるだけでいいようなものをととのえておいた。夕方、早く帰れる日は、家へつくやいなや、手早く着替えて台所へとんでいって料理にかかったが——それにしても、買物だけは、通いの家政婦さんに頼んでおかなければならない——そのために、献立をキチンと書いて渡してゆくことになっていた。

それを忘れるのは、台詞《せりふ》で頭がいっぱいの日だった。

「奥さん、今日のお献立は？」

出かける間際に言われて、

「ああ、そうだったわね」

慌《あわ》てて書こうとしても、まとまらない。昨夜は何を食べたかしら……まごまごしてしまう。あげくの果てに、昨日は牛肉のすきやき、今夜は鶏肉のすきやき、おみおつけは二日つづけて若布《わかめ》ということになりかねない——毎日の献立にいちばん大切なのは、変化なのに……。

（そうだ——前の日の走り書きのメモをチャンと残しておけば、参考になる……）

やっと、気がついた。早速、無地の大学ノートを買い、横四段に仕切って、毎晩、その日の献立と日附を書いておくことにした。

その食物日記が、思った以上に役に立った。前日のメニューを眺めていると、不思議に、その日の献立が決まってくる。例えば、書き初めの、四十一年四月二十二日は、

○牛肉バタ焼き
○そら豆の白ソースあえ
○小松菜とかまぼこの煮びたし
○若布の味噌汁

翌朝、それを睨《にら》みながら、急いでたてた献立は、

○豆ご飯
○いわしの丸干し
○かまぼこ
○春菊のおひたし
○大根千切りの味噌汁

ひどくあっさりしているが、これは多分、前日、家人の好きな牛肉バタ焼で脂肪のとりすぎ

右頁／献立日記は昭和41年（1966）4月22日から始まる。その1冊目の最初のページ。当初は夕飯のみ記された。

を心配したせいだろう。出盛りの青豆を炊きこんだ豆ご飯に蒲鉾《かまぼこ》がつづいているのは地方の友人がおいしいものを沢山贈って下さったのだと思う。それも家人の大好物である。家政婦さんはその日、台所買物帳に、

○春菊、そら豆――一三〇円
○大学ノート――三〇円

とだけ書いている。

こうして、毎日書くようになった献立日記の、ほんとうの値打ちがわかったのは、二年あまり、たってからだった。

仕事に疲れて、どうもいい案が浮かばない――去年の今頃はどんなものを食べていたのかしら……と、二冊目の四月二十二日をめくってみると、

○筍《たけのこ》ずし
○蕗《ふき》と厚揚げの煮もの
○紋甲いか、椎茸、えびの串焼き
○豆腐となめこの味噌汁

その日の買物は、

○蕗、筍、人蔘《にんじん》、里芋――三〇〇円
○紋甲いか（一尾）――三〇〇円
○大正えび（中八尾）――三六〇円

そう言えば、もう筍も出ている筈。その前の日のかつおの煮つけもおいしそう――そう思ったトタンに献立が出来た。

○かつおの煮つけ
○筍ごはん（筍、油揚げ、人蔘）
○五目豆
○のりのお吸物（針しょうが）

その晩、お膳の上の季節の香りに、家人の顔もなんとなく、ほころんだ。

献立に大切なのは、とり合わせではないかしら。今日は魚が食べたい、とか、肉にしよう――などと主役は早く決まっても、それを生かすのは、まわりの脇役である。好きなものばかり、と言っても、ひらめのお刺身に麻婆《マーボー》どうふ、グリーンピースのポタージュなど添えられては、味蕾がとまどって喉につかえる。和風、洋風、中華風――そのときどきの素人なりの工夫を、この日記は気軽に思い出させてくれる。一年一年、齢とともに好みはすこしずつ変ってゆくが、とにかく、これは私にとって、料理用虎の巻ということになっている。

『わたしの献立日記』より

左頁／献立日記をつける。
いつも鉛筆。1992年。

きちんと生きる
——「献立日記」を読み、つくる

高橋みどり

料理制作◆大庭英子
料理スタイリング◆高橋みどり

献立日記の全冊。何度も見返したためか、

「献立日記」全36冊
昭和41年（1966）4月22日から
平成4年（1992）11月23日まで

1	昭和41年4月22日—昭和42年2月9日
2	昭和42年2月10日—昭和42年11月26日
3	昭和42年11月27日—昭和43年8月28日
4	昭和43年8月29日—昭和44年5月26日
5	昭和44年5月27日—昭和45年1月12日
6	昭和45年1月13日—昭和45年10月29日
7	昭和45年10月30日—昭和46年10月8日
8	昭和46年10月9日—昭和47年7月7日
9	昭和47年7月8日—昭和48年6月25日
10	昭和48年6月26日—昭和49年2月16日
11	昭和49年2月17日—昭和49年9月12日
12	昭和49年9月13日—昭和50年7月3日
13	昭和50年7月4日—昭和51年4月29日
14	昭和51年4月30日—昭和52年3月12日
15	昭和52年3月13日—昭和53年1月1日
16	昭和53年1月1日—昭和53年10月12日
17	昭和53年10月13日—昭和54年7月23日
18	昭和54年7月24日—昭和55年5月18日
19	昭和55年5月19日—昭和56年3月9日
20	昭和56年3月10日—昭和56年12月31日
21	昭和57年1月1日—昭和57年10月23日
22	昭和57年10月24日—昭和58年6月30日
23	昭和58年7月1日—昭和59年2月13日
24	昭和59年2月14日—昭和59年10月10日
25	昭和59年10月10日—昭和60年5月31日
26	昭和60年6月1日—昭和61年1月21日
27	昭和61年1月22日—昭和61年9月18日
28	昭和61年9月19日—昭和62年5月12日
29	昭和62年5月13日—昭和63年1月4日
30	昭和63年1月5日—昭和63年9月1日
31	昭和63年9月2日—平成1年5月29日
32	平成1年5月30日—平成2年1月21日
33	平成2年1月22日—平成2年9月19日
34	平成2年9月20日—平成3年6月18日
35	平成3年6月19日—平成4年3月17日
36	平成4年3月18日—平成4年11月23日

はじめに

『わたしの献立日記』を初めて読んだのは、30代に入った頃だったでしょうか。初めはただ興味本位に眺めていたのに、どんどん引きこまれて、読み終えたときには、何だかじんわりと感動していたことを覚えています。

今回はこの仕事のために、27年間36冊分に及ぶ「実物の」献立日記を一気に読ませていただく機会に恵まれました。愛する夫にいつもおいしく手料理を食べてもらいたいとの思いから始められた日記をじっくりと読んで、もっとも驚いたことは、日記の始まりから27年間を経ても、献立の内容に大きな変化がないことでした。もちろん味つけや量は変化したのでしょうが、品数はほとんど変わらないんですね。それで、「この記録と沢村さんの年齢を確認してみよう」と思い立ち、計算すると、日記がつけられた昭和41年から平成4年は、沢村さんが57歳から84歳のとき。私はそのことにとても驚き、そして勇気づけられました。このお歳にしてこの食欲、このエネルギー。けれども同時に、私は、それがすべて「愛する夫のため」だったと言い切るのは失礼なんじゃないか、という気もしたのです。そう感じた気持はいったい、どこから来たものなのか。そんなことを考えながら36冊を読みこんでゆきました。

今回、献立日記の中から料理を選び、ページを構成するにあたって、私は、沢村さんの食卓を正確に再現しようと考えるのでなく、「私なりの沢村さん像」を追ってゆきました。テーブルは木でよく拭き込まれていて、うつわは銘々のものを使う。華美ではなく、持ちやすいほどの重さのうつわだろう、などと想像し、さも今晩の食卓作りのお手伝いをするような気持ちでしつらえました。文字で読んでいたときの色のない献立は、かたちにしてみると、思っていた以上の華やかさがあり、思わず箸が伸びるのがよくわかります。そんな沢村さんの心のこもった献立の数々を、みなさんも、堪能してみませんか。

3日 カツを土佐作り
法蓮草お浸し
金 大根 味噌汁

日 ノロかつ、 ピース御飯
きんぴら ごぼう
若芽味噌汁

5日 かにの玉子巻揚げ
新じゃがのベーコン煮
しじみの味噌汁

6日 焼肉 （牛、新たまねぎ、さつま芋 とうがらし）
大根おろし
空豆塩ゆで
大根 味噌汁

7日 赤飯
鯛 春捲
とり、野菜いため
若芽の味噌汁

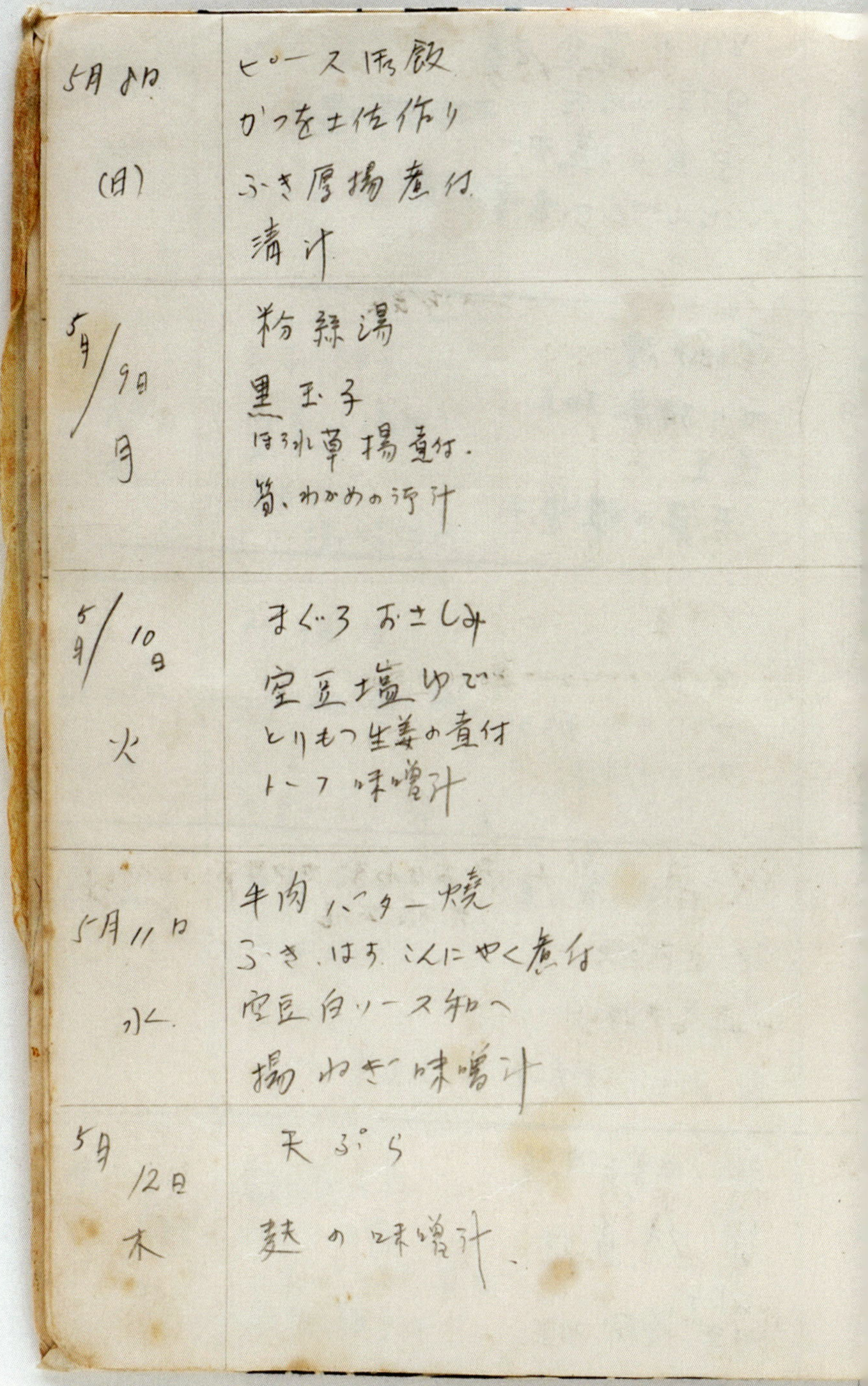
5月8日 (日)

ピース御飯
かつを土佐作り
ふき厚揚煮付
清汁

5月9日 月

粉緑湯
黒玉子
ほうれん草揚煮付.
筍、わかめの清汁

5月10日 火

まぐろおさしみ
空豆塩ゆで
とりもつ生姜の煮付
トーフ味噌汁

5月11日 水

牛肉バター焼
ふき、はす、こんにゃく煮付
空豆白ソース和へ
揚ねぎ味噌汁

5月12日 木

天ぷら
麩の味噌汁.

丁度よくむらした炊きたてのご飯を、しゃもじで
ホンのすこしずつ、フンワリ盛るのが何より

『わたしの献立日記』より（以下同）

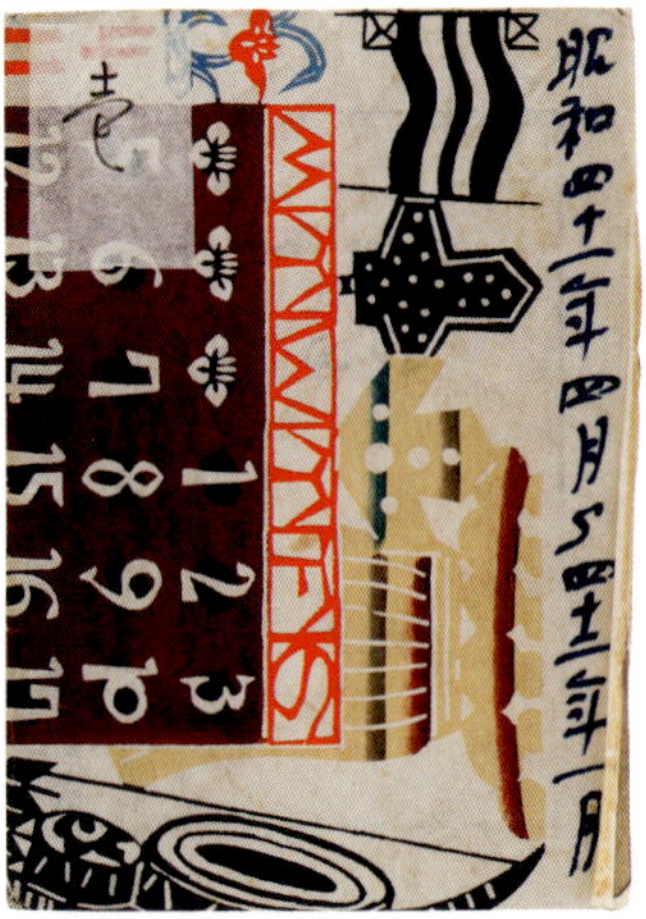

◆昭和41年（1966）　5月8日（日）

ピース御飯
かつを土佐作り
ふき厚揚煮付
清汁

1冊目

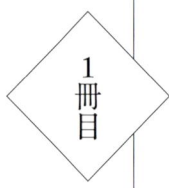

ごはんいろいろ

何度も繰り返し出てくる定番の献立の中には、実にさまざまなごはんが登場します。ご主人の好物だった「ピース御飯」は、時に「豆ごはん」として、出盛りの4月ころから、多いときは週2回も。グリーンピースはやはりさや付きのもののほうが豆の水分が保たれていて、しっとりとしておいしいものです。沢村さんはだいたい春先にグリーンピースをさやごと10キロも買いこんで、茹でたものを小分けにして冷凍しておき、ごはんやおかずの材料として、1年を通して使っていらしたようですね。

ほかにも、筍ごはんや松茸ごはん、栗ごはんなど、季節感を味わえるさまざまなバリエーションのごはんが出てきます。お赤飯がたびたび登場するのも面白い。これだけ頻繁にお赤飯を食べる家庭はめずらしいかも知れませんが、実は私もお赤飯が大好きで、時々作って食べるので、とても親しみが湧きます。果たして蒸籠《せいろ》でじっくりと蒸すのか、それとも手軽に電気釜で作る「炊きおこわ」なのかしら……などと想像がふくらみます。

沢村さんに時間に余裕のある休日など、料理本をめくっていて突然思い立ち、気分転換にもなるからと2時間もかけて「うにご飯」を作ることも。この仕上がりは絶品で、ご主人も大喜びだったとありますが、その後やはり献立の定番となりました。

「仕事がたてこんで――今夜はおそくなる、とわかっている朝、私は、よくまぜずしをこしらえる」（「梅酢」『わたしの献立日記』）。えっ、と驚いてしまうけれど、これにはちゃんと簡単に作れる「すしのもと」がある。「暇な日に、ごぼう、筍《たけのこ》、干椎茸《ほししいたけ》をこまかくきざんで少量のゴマ油で丁寧にいため、お酒と味醂《みりん》、醬油でゆっくり煮こんでおいたものである」（同）。そして、まぜずしの酢めしの決め手となる「わが家得意の梅酢」なるものについて書かれた箇所［77頁］を読んでいると、今すぐにも青梅を求めに走り出したくなってしまいます。

いくら炊きたてのおいしいごはんといっても、毎日同じではやっぱり飽きる。だからこそ、目先口先の変化のために、さまざまなごはんを作られたのでしょう。炊きこみごはん、おにぎり、にぎりずし、ちらしずし、丼、お粥、茶めし……日記に登場するバリエーション豊かなごはんの数々は、作り手の思いやりと愛情以外の何ものでもないのです。

ピース御飯

材料（3〜4人分）
グリーンピース……1と1/3カップ
米……2合
昆布だし……2カップ
酒……大さじ2
塩……小さじ2/3

作りかた
① 米は炊く30分〜1時間ぐらい前にとぎ、ザルにあげて水気をきる。
② グリーンピースはさやから取りだし、水でさっと洗い、水気をきる。
③ 炊飯器に米をいれ昆布だしをいれて酒、塩をくわえて混ぜ、調味して②のグリーンピースをのせてふたをして普通に炊く。
④ 炊きあがったら、水で濡らした木しゃもじで全体を混ぜる。

2日(金) 晴 夕	じゃがいもと牛肉のいため合せ いんげんのごまよごし やきのり みそ汁(わかめ)	朝 パン レタス キユウリ みかん バナナ 干ぶどう いんげん おやつ 紅茶、エクレア
3日(土) 小雨 りがに りいか えび	伊勢えびの具足煮 あおりいかのさしみ きんぴらごぼう みそ汁(しいたけ、ゆば)	朝、パン レタス キユウリ バナナ セロリー ゆで玉子 おやつ 大学いも
4日 (日) 夕	わたりがにの三杯酢 高野ドウフとしいたけ、蒲鉾 さやのうす味煮 さつま芋の甘煮 みそ汁(大根千本)	朝 クロワッサン レタス セロリ キウリ トマト みかん レーズン ゆでたまご おやつ 番茶、あげ餅
5日 (月) 夕	蒸し伊勢えびのマヨネーズ あおりいかの煮つけ ほうれん草のおひたし みそ汁(おとうふ)	朝 クロワッサン レタス キユウリ みかん リンゴ レーズン トマト ゆで玉子 おやつ なし

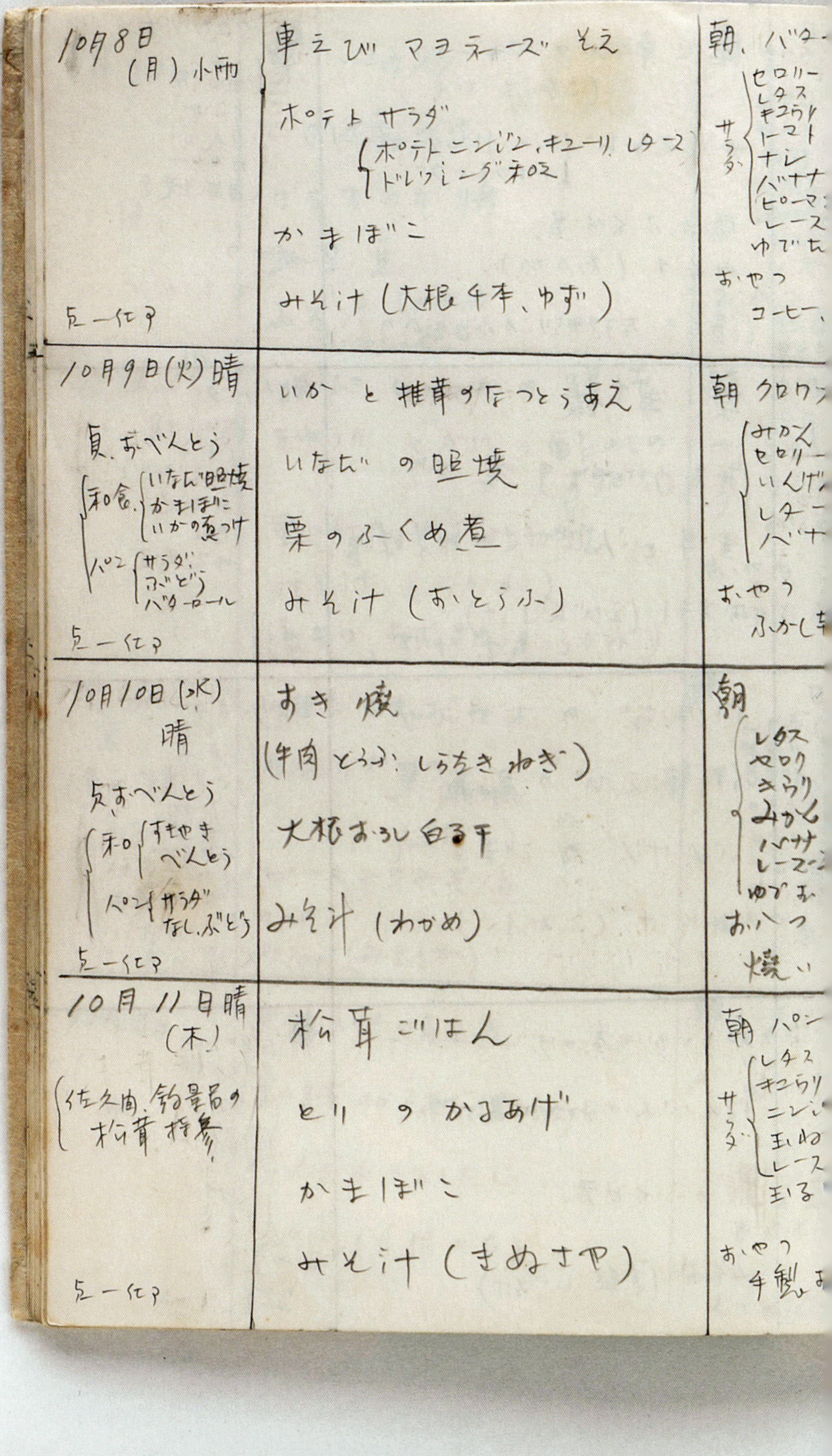

10月8日 (月) 小雨 点一任子	車えび マヨネーズ そえ ポテト サラダ (ポテト、ニンジン、キューリ、レタース ドレッシング和え) かまぼこ みそ汁 (大根千本、ゆず)	朝、バター サラダ (セロリー レタス キュウリ トーマト ナシ バナナ ピーマン レーズ) ゆでた おやつ コーヒー、
10月9日(火) 晴 昼、おべんとう (和食 (いなだ照焼 かまぼこに いかの煮つけ) パン (サラダ ぶどう バターロール)) 点一任子	いか と 椎茸のなっとうあえ いなだ の 照焼 栗のふくめ煮 みそ汁 (おとうふ)	朝 クロワ (みかん セロリー いんげん レター バナ) おやつ ふかし
10月10日 (水) 晴 昼、おべんとう (和 (すきやき べんとう) パン (サラダ なし、ぶどう)) 点一任子	すき焼 (牛肉 とうふ しらたき ねぎ) 大根おろし 白子干 みそ汁 (わかめ)	朝 (レタス セロリ きうり みかん バナナ レーズン ゆでお) おやつ 焼い
10月11日 晴 (木) (佐久間、鈴木局の 松茸 持参) 点一任子	松茸ごはん とり の かるあげ かまぼこ みそ汁 (きぬさや)	朝 パン サラダ (レタス キュウリ ニンジ 玉ねぎ レーズ) 玉子 おやつ 手製

その日に食べるものが早くから決まっている、
というのは何となくしらけるのではないかしら。

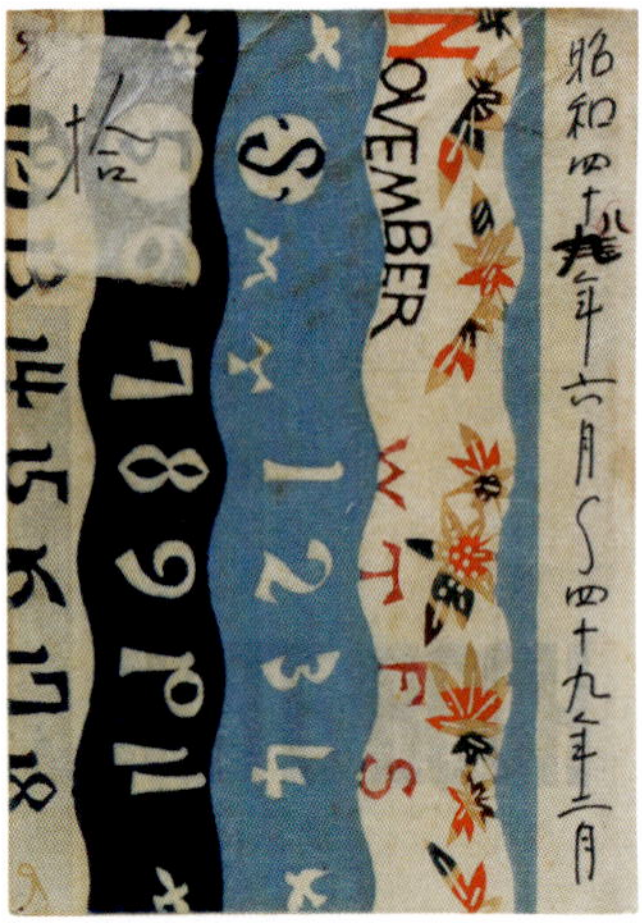

◆昭和48年（1973） 10月9日（火） 晴

いかと椎茸のなっとうあえ
いなだの照焼
栗のふくめ煮
みそ汁（おとうふ）

10冊目

一行目

献立の一行目に書かれるもの、それはきっと、その日の料理の核になる一品でしょう。お天気や体調、仕事の予定などを考えたうえで、まず中心となる一品目を決めて、それによって副菜が決まる。さっぱりした酢のものやちょっとコクのある一品を補充したり、野菜の胡麻よごしやおひたしや、ちょっとした箸休めとして豆やお芋、栗の甘煮を添えたり。さらに「困った時の一品」の海苔、かまぼこや、手作りの常備菜を加えることも。そんなふうに主菜と副菜をうまく構成して日々の献立が作られているのがよくわかります。

昭和48年10月9日の一行目は「いかと椎茸のなっとうあえ」。こういった淡白なものが筆頭になる日は少ないので、逆に目を引きますね。さっぱりしたおかずでごはんが食べたい、という日だったのでしょうか。私自身、「今晩は朝ご飯みたいなごはんが食べたい」と思う日があるのですが、きっとそんな日だったに違いない、と思わずニヤリとしてしまいます。

さっぱりとした主菜を栄養的に補充しているのが、いなだの照焼。照焼はこうした役割でたびたび登場します。わらさ、ひいら、かんぱち、しまあじ、とり肉、またはやきとりやうなぎの蒲焼き、すき焼きなど、甘辛のお味を好まれた様子。

「私のように、長年、台所をうけもっていると、

（夫は今日、どんなものを食べたいと思うだろうか、なにをこしらえたら、喜ぶだろうか）

おおよそ、感じでわかってくる。脂っぽいもの、あっさりしたもの、目先の変ったもの、それとも——いつもの、アレ。

うちのこしらえ方、うちの味のおそうざいを、黙って食べている家人の満足そうな顔を見ていると、料理した者は苦労を忘れる」（「据え膳」『私の台所』）

どんなときもご主人の好みと栄養バランスをきちんと考え、献立を組み立てていた沢村さんだから、料理の盛りつけもきっと、二人分をがさっと一緒盛りということはなく、食べやすく銘々の器に盛られて、ご主人の分は多めに……などの配慮もあったのではないかと想像します。「父親は特別に」。幼い頃に見ていた食卓の風景は、ご主人に対しても受け継がれていたんでしょうね。

いかと椎茸のなっとうあえ

材料
納豆……80g
しょうゆ……大さじ½
塩……小さじ¼
刺身用イカ……50g
生しいたけ……3枚

作りかた
① イカは熱湯にさっと通して表面の色が変わったら、取り出して、冷ます。
② 生しいたけは軸を切り、ガス台のグリルに並べて、しんなりするまで焼く。
③ イカは3センチ幅に切り、焼きしいたけは薄切りにする。
④ ボールに納豆、しょうゆ、塩をいれて、粘りがでるまでよくまぜ、イカ、焼きしいたけをまぜて器に盛る。

16日(土) (冷い) 2,200 3,500 (天2) 600 6,300 ヒラメがすびておく。 しは明日まわし。	○甘鯛のおさしみ ○こまつ菜とてんかすの煮びたし ○みそ汁(ゆば、しいたけ) ~~○わたりがにの酢のもの~~	朝 バターロール レタス キャベツ きゅうり セロリー りんご バナナ レーズン 玉子の白味 (マヨネーズ・クのこり れいの玉たまご おやつ かけそば(ねぎ)
17日(日) (2朝)	○てんぷら 車えび、いなだ、いか (冷凍分) にんじん、さつま芋 ○わたりがにの酢のもの ○こまつなのおひたし ○みそ汁(わかめ)	朝 バターロール セロリー キャベツ きゅうり にんじん りんご バナナ プレーンオムレツ おやつ あべりもち
18日(月)	○甘鯛のちり鍋 甘鯛、ねぎ とうふ、白菜、ぎんなん ○うに ○のり ○しらす佃煮	朝 バターロール レタス きゅうり セロリー りんご バナナ レーズン ブロッコリー むしや玉たまご おやつ ゆであずき、餅
19日(火) 晴 (小雨ときどき晴) 5,500 2,500 1,000 1840 (2袋) 10840 (10ｓｉ一あげもち ※ 三ｓｉ ~~一天ぷら~~ おそば、ねぎ おでん種入り)	○鯛のおさしみ ○ふろふき大根ごまみそかけ ○たまねぎの三杯酢 ○おみそ汁(ちくわ)	朝 バターロール レタス きゅうり セロリー りんご バナナ レーズン みかん むしやまたまご おやつ そば―ねぎ、ちくわ

12月12日（火） 晴 奥や いなだ ひらめ かに そげ 5,500	○いなだとひらめのおさしみ ○かにの酢のもの ○春菊とさつまあげの煮もの ○みそ汁（あげ餅、ねぎ、ゆず）	朝 バタ おやつ ラーメ （小倉
12月13日（水） 晴 （鮭ーオホーツク海産 （網走り水産物や） 8,000円	○ひらめのからあげ（甘酢かけ にんじん、椎茸） ○鮭 ○春菊のおひたし ○みそ汁（わかめ）	朝、バタ むしやき おやつ くず
12月14日（木） 曇ときどき晴 （16°）	○車えびの姿煮 ○ひらめときゅうりの三杯酢（はりしょうが） ○黒豆ふくめ煮 ○みそ汁（ほうれん草 ゆずの皮）	朝、 うどんス ホワイ ピー ベーコ おやつーよう
12月15日（金） 曇ときどき雨	○ひらめのふぐづくり ○豚肉と大根のいため煮 ○のり ○みそ汁（こまつ菜）	朝、バタ むしやき おやつ 焼き

17冊目

献立に大切なのは、とり合わせではないかしら。今日は魚が食べたい、とか、肉にしよう——などと主役は早く決まっても、それを生かすのは、まわりの脇役である。

◆昭和53年（1978）　12月19日（火）
冷い　曇ときどき小雨

鯛のおさしみ
ふろふき大根ゴマみそかけ
たまねぎの三杯酢
みそ汁（ちくわ）

魚屋さん

「十冊目（四十八年）の秋からの献立日記に、急に魚料理がふえている。知り合いの紹介で江の島の魚屋さんが週二回、その朝とれたものをかついできてくれることになったからである」（「ぜいたく」『わたしの献立日記』）

自宅に魚を届けてくれるようになった魚屋さんと、沢村さんは葉山の秋谷《あきや》に引っ越すまでの17年間、お付き合いをされていたようです。わざわざ来てくれるから、ちゃんと買い続ける。そこで生まれる信頼関係があったんでしょうね。私はというと、定期的に何かを買ってしまうと、どうしても早く、おいしいうちにこれらを食べなければ……という強迫観念にかられてしまうから、いわゆる「お取り寄せ」みたいなものは苦手だったりします。だからこそ、こういう関係を長く続けられることは凄いなあと思いますね。ずっと買い続けるためには、買った材料をきちんと使いきっていくことも必要になるでしょう。必要なものを必要なだけ買って、おいしく食べきっていたのですね。

「（いま、食べたいと思うものを、自分に丁度いいだけ――つまり、寒いときは温かいもの、暑いときは冷たいものを、気どらず、構えず、ゆっくり、楽しみながら食べること）なんとも、月並だけれど――どうやら、それが私たち昔人間にとって、最高のぜいたく――そう思っている」（「食と生活」『わたしの献立日記』）

そんなお二人がほぼ毎日食べているのが味噌汁。この日の具の「ちくわ」はきっと、いつも冷蔵庫に入っている常備品だったのでしょう。味噌汁の具はいろいろで、その種類や取り合わせの柔軟さには頭が下がります。大根の千切り、豆腐、わかめと油揚げ、にら、ほうれん草、椎茸、さつま芋、なめこ、岩のり、揚げ玉、がんもどき、高野豆腐、ちくわ、みょうが……「こまかくきざんだ柚子の皮、掌で叩いた山椒の若葉、ときには二、三滴のしょうがのつゆ、七味など添えれば、風味をます」（「御御御《おみお》つけ」『私の台所』）。「味噌汁にちくわ」は初耳でしたが、やってみると、火が入りぷっくりと膨らんだちくわの甘さも加わって、おいしい。味噌の量も季節によって、またその日の天候によって、そして他のおかずとの釣り合いも考えながら。こうした気づかいで作られた出来たての味噌汁は、それだけでごちそうだと思います。

ふろふき大根ゴマみそかけ

材料（2人分）
大根……8センチ
米……大さじ1
だし汁……3カップ
みりん……大さじ1
しょうゆ……小さじ1
塩……少々

［黒ごまみそ］……大さじ3
黒いりごま……½カップ
みそ……大さじ2～3
砂糖……大さじ1
だし汁……大さじ2～3

作りかた
① 大根は4センチ厚さの輪切りにして皮を厚めにむき、面取りして裏に厚さの½まで十文字の切りこみをいれる。
② 鍋に大根をいれてかぶるくらいに水を注ぎ、米をいれてふたをして中火にかけて煮立ってきたら、火を弱めて、大根が柔らかくなるまで30～40分ほど下ゆでしてそのまま冷ます。
③ ②の大根を水で洗い、鍋にいれてだし汁を注ぎ、ふたをして中火にかけて煮立ってきたら、みりん、しょうゆ、塩をくわえてまぜ、火を弱めて15分ほど、下煮する。
④ 黒いりごまを厚手の鍋にいれて温めるようにして煎り、すり鉢にいれてすりこぎで油がでるぐらいまで良くすり、みそ、砂糖を加えてよくすりまぜる。（ここまで作り、保存しておく。ごまあえなどを作るのに便利）
⑤ ④の黒ごまみそをボールに取り出して、だし汁で溶きのばす。
⑥ 器に大根を盛り、煮汁を少量注ぎ、⑤の黒ごまみそをかける。

24日(日) こ う	○貝柱とさやのかきあげ ○紅鮭 ○ほうれん草のおひたし ○みそ汁(かぶに)	朝.バターロール レタス セロリー きゅうり 柿. バナナ ピーマン むしやきたまご おやつ コーヒー.ケーキ
月25日(月) 晴(寒い)	○ひらめのうすづくり ○うに ○のり ○さつま汁 豚肉.さつま芋 ごぼう.にんじん ねぎ.しょうが	朝.バターロール レタス きゅうり セロリー 大根 にんじん りんご 柿. バナナ むしやきたまご おやつ つけやき餅
月26日(火) 晴.(冷い)	○ぶり鍋 ぶり.ほうれん草 ねぎ.大根.ぎんなん. とうふ. ○かずのこ ○きんぴら	朝.バターロール レタス きゅうり セロリー ピーマン りんご バナナ むしやきたまご おやつ みかん.
27日(水) 晴.	○キスのピカタ ○塩鮭. ○ほうれん草のごまよごし ○みそ汁(大根.千六本)	朝.バターロール レタス セロリー きゅうり 柿 りんご バナナ ピーマン むしやきたまご おやつ あずき.餅.

12月20日(水) 曇のち晴(冷い)	○おでん さつまあげいろいろ、里芋、やきどうふ、ちくわ、大根 ○鮭、 ○ほうれん草のおひたし ○みそ汁(わかめ)	朝 バタ むしやき おやつ レモンティ チョコレー
12月21日(木) 晴(冷い)	○鯛のあらだき ○きんぴら(ごぼう、にんじん) ○しらすときゅうりの酢のもの ○みそ汁(おとうふ、ねぎ)	朝 バター むしやき おやつ あげか
12月22日(金) 曇のち晴(グ 朝)	○ビーフステーキ ポテト、にんじん さや ○鮭 ○みそ汁(大根千六本 ゆず)	朝 バター おやつ あべ
12月23日(土) くもりのち雨 魚やまる ひらめ 2,100 ぶり(さしみ) 1,200 貝柱 1,500 ぶり切身 900 きす 1,000 かます干物(3) 1,200 7,900	○ぶりのおさしみ ○貝柱(なま) ○さつま芋の甘煮 ○大根、にんじん、きゅうりのなます ○みそ汁(わかめ)	朝 バター むしやき

肉類の匂いはしょうがの汁で消し、油ものは大根おろしをまぜるようにして……なんとか自分の口にあうように料理してみると、今まで食わず嫌いだったものも何とか食べられるようになった。

◆昭和53年（1978）　12月21日（木）　晴（冷い）

鯛のあらだき

きんぴら（ごぼう、にんじん）

しらすときゅうりの酢のもの

みそ汁（おとうふ、ねぎ）

17冊目

使いきる

例えば一尾まるごとで買った魚は、一日目はおさしみでいただき、多ければ切り分けて冷凍にしておく。あるいはみそ漬け、粕漬けにする。残りの身や、あたま、身のついた骨は後日、あらだきにする。あるいは煮魚にする。ソテーする。大好物のかつおは柵《さく》で求め、おさしみや土佐づくりで食べる。残りは蒸して「なまり」にしておけば、煮ものや和えもの、酢のものになるのでとても便利。日記には魚すきや天ぷら、まぜずしが多く登場するけれど、これらは少しずつ残ったいろいろな材料をいっぺんに使いきるためだったのでは、と私は深読みしています。

そういえば、私が子供の頃の食卓も、甘辛い煮魚を食べた次の日にはかならず、副菜として煮魚のおいしい煮汁を使って作ったおから料理がありました。魚の旨味を含んだおからとねぎ、ちくわ、干しエビを和えた料理は見た目にはとても地味で、父も兄も箸が進まなかったけれど、私は大好きで、スプーンでもりもり食べていたのを思い出します。今でも時々、すごく食べたくなることがあるのですが、夫は煮魚が好きではないので、一人分だけ作るのもね……という思いもあって、すっかり遠ざかってしまいました。夫婦の食卓の献立って、案外こんなことで左右されたりするのかも知れませんね。もちろん沢村さんはいつも御主人の好みや気分、体調などを優先して考えていらしたと思いますが、献立日記には時に「恭」「貞」という但し書きがあって、体調や仕事の都合により別々のものを食べたことがわかります。

きんぴらのような常備菜も作っておくと便利で、これが加わるだけでちょっと得した気分になるものです。今回はごぼうとにんじんの定番ではなく、『私の台所』に登場する、ささがきにしたごぼうにとりもも肉のたたきをあわせた「肉いりきんぴら」にしました。あらだきときんぴらは甘辛いから、さっぱりと酢のものを合わせる。みそ汁の定番であるおとうふは、時にはこんなふうに目先をかえて、崩したりしたかも知れない。

残った材料をうまく使いまわして、おいしく食べつくすこと。ちょっとしたものをこしらえておいて、困ったときに備えること。献立日記を読みこめば、沢村さんがいかに工夫しているかがよくわかります。

きんぴら（ごぼう、とりのもも肉）

材料（4人分）
ごぼう……2本（250g）
鶏もも肉……100g
赤唐辛子……1本
油……大さじ1
酒……大さじ2
水……大さじ4
みりん……大さじ2
砂糖……大さじ½
しょうゆ……大さじ3

作りかた
① ごぼうは皮をたわしでこそげとるようにして洗い、包丁で大きめのささがきにして水でさっと洗い、水気をきる。
② 鶏肉は1センチ角ぐらいに切り、さらに包丁で粗くたたく。
③ 赤唐辛子はへたを切り、種をとり、斜め二つに切る。
④ フライパンに油を熱して鶏肉をいれてほぐすようにして炒め、肉の色が変わったら、ごぼう、赤唐辛子をくわえて炒め、酒をふり、水を加えて煮たってきたら、みりん、砂糖、しょうゆをくわえて汁気がなくなるまで炒り煮する。

5日 (日) …どき晴 29°)	○てんどん （車えび、あぢ） ○枝豆の塩ゆで ○わかめとしらすの酢のもの ○おみおつけ（おとうふ）	朝、食パン、牛乳 目玉やき サラダ菜 さつま芋 トマト レーズン バナナ きゅうり おやつ 甘納豆、緑茶
6日 (月) 28°ー午後8時) すへてならす みどり山のです う　うにめし、 ゴマ 梅ぼし マリネー、 煮	○焼き肉ふう（楽、のみ） （牛肉、玉ねぎ、ピーマン かぼちゃ ○枝豆　とおろし（三杯酢） ○紅鮭 ○おみおつけ（ゆば しいたけ	朝 食パン、牛乳 目玉やき レタス バナナ トマト キーウイ 枝豆 おやつ くず、
7日 (火) 31.5°)	○鯛のほそづくり （青しそ、わさび） ○ひややっこ ○枝豆のあづま煮 ○おみおつけ（とろろ芋）	朝、食パン、牛乳 目玉やき レタス バナナ トマト キーウイ パイナップル おやつ 氷あづき
8日 (水) 30°)	○鯛のあら煮 ○焼き油揚のおろしそえ ○うに ○冷やし茶碗むし （玉子、かまぼこ、きゅうり）	朝、食パン、牛乳 目玉やき レタス バナナ トマト キーウイ グレープフルーツ グリーンアスパラ おやつ くず

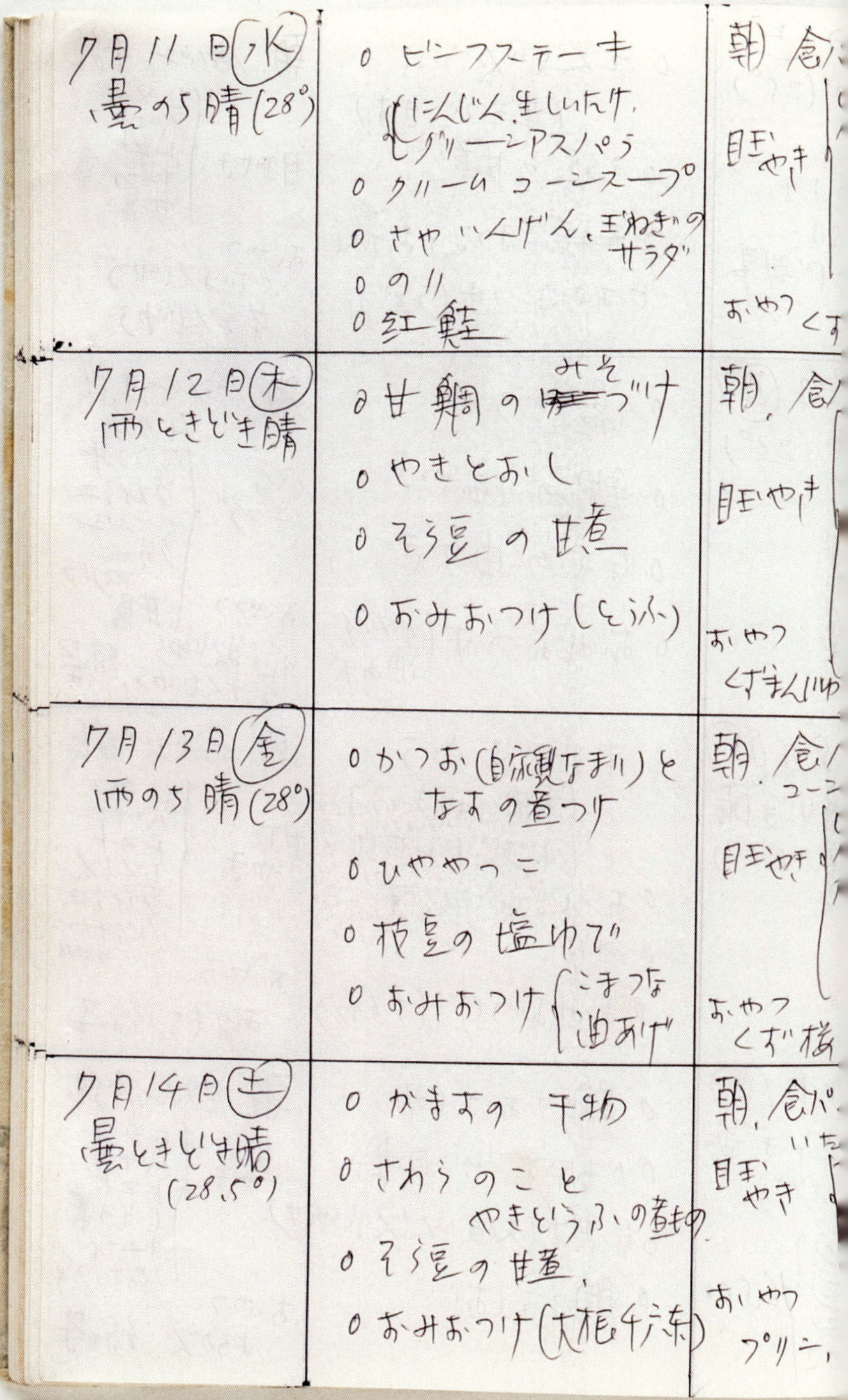

7月11日(水) 曇のち晴(28°)	○ビーフステーキ {にんじん、生しいたけ、 グリーンアスパラ ○クリームコーンスープ ○さやいんげん、玉ねぎのサラダ ○のり ○紅鮭	朝食 目玉やき おやつ くず
7月12日(木) 雨ときどき晴	○甘鯛のみそづけ ○やきとおし ○そら豆の甘煮 ○おみおつけ(とうふ)	朝、食 目玉やけ おやつ くずまんじゅ
7月13日(金) 雨のち晴(28°)	○かつお(自家製なまり)と なすの煮つけ ○ひややっこ ○枝豆の塩ゆで ○おみおつけ{こまつな 油あげ	朝、食 コーン 目玉やき おやつ くず桜
7月14日(土) 曇ときどき晴 (28.5°)	○かますの干物 ○さわらのこと やきどうふの煮もの ○そら豆の甘煮、 ○おみおつけ(大根千六本)	朝、食パ 目玉やき おやつ プリン、

その日のお天気、温度次第で熱いものは熱く、冷たいものは冷たく……。あり合わせの器でも、なんとか美味しそうに盛りつけている。

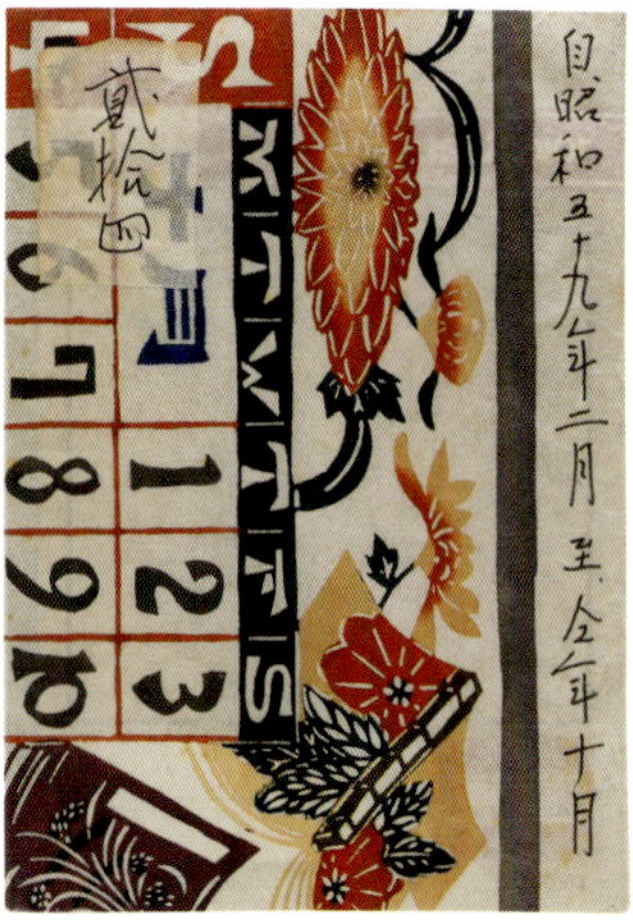

◆昭和59年（1984）　7月11日（水）　曇のち晴（28℃）

ビーフステーキ
（にんじん、生しいたけ、グリーンアスパラ）
クリームコーンスープ
さやいんげん、玉ねぎのサラダ
のり
紅鮭

24冊目

〆の紅鮭

献立のメインとなる料理は魚が中心だけれど、あんがい肉料理も多くて、しかもかなりがつん、としっかりしたものが多い。ステーキ、ストロガノフ、とんかつ、やきにく、牛肉のバター焼き、豚の生姜焼き……ご主人はお肉がお好きだったのでしょう。とはいえ、当時のお二人の年齢にくらべたらまだ年下である私の家の食卓でも、これほどしっかりしたメイン料理が毎日並ぶようなことはなく、ご夫妻は本当に胃腸がしっかりしていたんだなあとあらためて思いますね。

お肉にはたっぷりの野菜サラダ。洋風の料理仕立てなら、みそ汁ではなくスープ。そして洋風であってもかならず、紅鮭かたらこ、のりが付きます。これはきっと最後の「〆」のご飯のおともだったのでしょう。食べるほうはこの一皿が嬉しいし、作り手はこの一皿まではなかなかできないもの。

とにかく献立のどれをとっても、味、栄養、彩りまでバランスよく考えられていて、そのきちんとしたところ、いい加減さがないところが特色と言ってもよいかも知れません。一般家庭らしいルーズさというか、「今日は、こんなんでいいや」といった日がまったくないんですね（もちろん健康状態などを考えて、あえて軽く済ませる日はある）。私たちは疲れていたりすると、つい安易に外で済ませてしまうこともあるけれど、お二人は外食に出かけることはほとんどなかったようです。もちろん、仕事上、顔が知られていることの面倒はあったでしょう。それだったら、ほっとする我が家でくつろぎながら食べるごはんのほうがいい、と沢村さんは書いています。

ごく稀に「ああ、この日はよっぽどお疲れだったのだな」と思われる、店屋物の鰻の日や、たまたまご主人が旅行でいらっしゃらない日の、一人ご飯のさっぱりとした内容を日記の中に見つけると、なんだかちょっと嬉しくもあるくらい。それほどに、常に、食べる相手にしっかりと向き合い、おいしく、楽しく箸が進むように考えながら献立を組み立てていらした。当時、おそらくとても仕事が忙しかった沢村さんだからこそ、こうして日記をつけて、毎日の食事を計画することで、ブレることなくご主人とご自身の健康管理をしていたのだと思いますね。

ビーフステーキ
（にんじん、生しいたけ、グリーンアスパラ）

材料（2人分）

牛肉ステーキ用……120〜150g×2枚
（ヒレ、サーロイン、ランプなど）
塩、こしょう……少々
グリーンアスパラガス……3本
生しいたけ……3枚
にんじん……小1本

作りかた

① 牛肉は焼く30分〜1時間前に冷蔵庫から出して室温にもどす。
② 牛肉をまな板におき、両面に塩、こしょうする。
③ フライパンに牛脂（分量外）を溶かして牛肉をいれ、強火で1分ほど焼き、中火にして2分ほど焼く。裏に返しておなじように焼き、取り出して、10分ほどおいて肉汁を安定させる。
④ ステーキを食べやすく切り、器に盛り、ゆでたアスパラガス、ソテーしたしいたけ、にんじんのグラッセを添える。

クリームコーンスープ

材料（2人分）

とうもろこし……1本
玉ねぎ……1/4個
水……2/3カップ
塩……小さじ1/4
こしょう……少々
牛乳……2/3カップ
生クリーム……大さじ3
パセリのみじん……少々

作りかた

① とうもろこしは皮をむいて洗い、長さを4等分に切り、切り口を下にして芯から、実を切り取り、あらみじんに切る。
② 玉ねぎはみじんに切る。
③ 鍋にバター（分量外）を溶かして玉ねぎをいれてしんなりするまで炒め、とうもろこしを加えて炒める。水をくわえて煮立ってきたら、塩、こしょうして火を弱めてアクを取り、ふたをして10分ほど煮る。
④ ③を万能こし器でこし、鍋にもどしいれて牛乳をくわえて煮立ってきたら、生クリームをくわえて器に盛り、パセリをちらす。

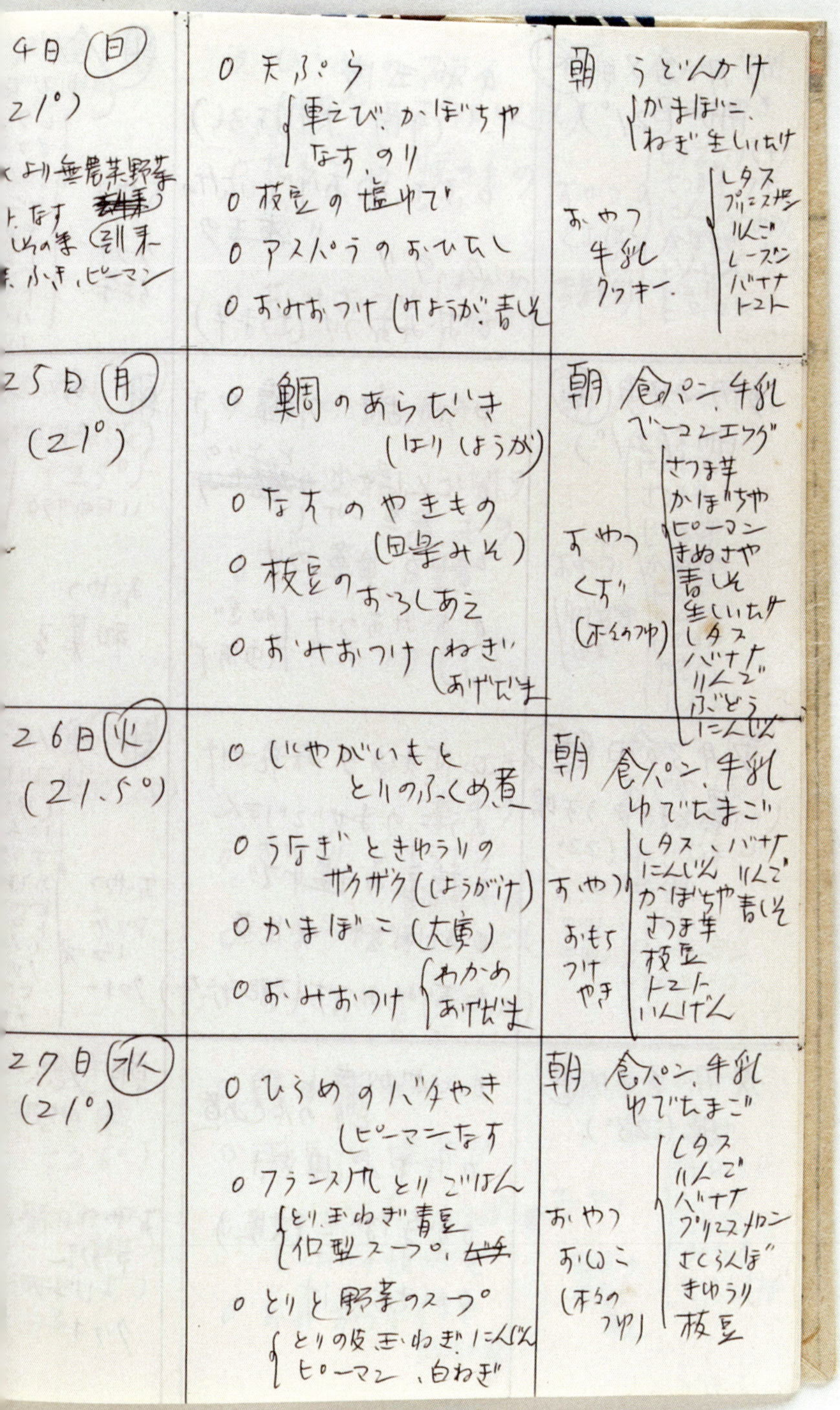

4日（日）
（21°）
…より無農薬野菜 ~~到来~~
…ト、なす
しその葉（到来）
…ふき、ピーマン

○天ぷら
{車えび、かぼちゃ
なす、のり
○枝豆の塩ゆで
○アスパラのおひたし
○おみおつけ（みょうが、青じそ

朝 うどんかけ
{かまぼこ、
ねぎ、生しいたけ
おやつ
牛乳
クッキー
{レタス
プリンスメロン
りんご
レーズン
バナナ
トマト

25日（月）
（21°）

○鯛のあらだき
（はりしょうが）
○なすのやきもの
（田楽みそ）
○枝豆の
おろしあえ
○おみおつけ {ねぎ
あげだま

朝 食パン、牛乳
ベーコンエッグ
おやつ
くず
（ホームメイド）
{さつま芋
かぼちゃ
ピーマン
きぬさや
青じそ
生しいたけ
レタス
バナナ
りんご
ぶどう
にんじん

26日（火）
（21.5°）

○じゃがいもと
とりのふくめ煮
○うなぎときゅうりの
ザクザク（しょうがけ）
○かまぼこ（大寅）
○おみおつけ {わかめ
あげだま

朝 食パン、牛乳
ゆでたまご
おやつ
おもち
つけやき
{レタス、バナナ
にんじん りんご
かぼちゃ 青じそ
さつま芋
枝豆
トマト
いんげん

27日（水）
（21°）

○ひらめのバタやき
（ピーマン、なす
○フランス風とりごはん
{とり、玉ねぎ、青豆
固型スープ、~~牛乳~~
○とりと野菜のスープ
{とりの皮、玉ねぎ、にんじん
ピーマン、白ねぎ

朝 食パン、牛乳
ゆでたまご
おやつ
おしるこ
（ホームのつゆ）
{レタス
りんご
バナナ
プリンスメロン
さくらんぼ
きゅうり
枝豆

7月20日(水) 曇(22.5°)	○かんぱちの照りやき ○いかときゅうりの酢のもの ○いんげんの黒ごまあえ ○おみおつけ(こうやどうふ あげだま)	朝 クロワッ バタロー ゆでた 蒸 レタ さ さ バ ト し おやつ クッキー
7月21日(木) 雨(22°)	○とりのすきやき (とりもも肉、しらたき、ねぎ、生しいたけ、玉子、うどん) ○紅鮭 ○のり ○おみおつけ(大根千本)	朝 バタロー クロワッ 牛乳 おやつ ゆであずき 白玉
7月22日(金) 曇(22°) 植木やさん(3人) 井筒やさんより おこぜといかのおさしみ到来	○おこぜといかのおさしけ ~~○鯛の塩やき~~ ○うなぎときゅうりのザクザク ○グリーンアスパラガスおひたし ○おみおつけ(生しいたけ あげだま)	朝 玄米よも おそ ぞうすい おやつ おしるこ (不白のつゆ)
7月23日(土) 曇(21°) 植木やさん(2人)	○鯛の塩やき ○かぼちゃと生しいたけのバタやき ○やきとおし(大食) ○おみおつけ(わかめ 油あげ)	朝 クロワ バター ゆで おやつ クッキー 紅茶

一番嬉しいのは家族の心づかい、
ということではないかしら。

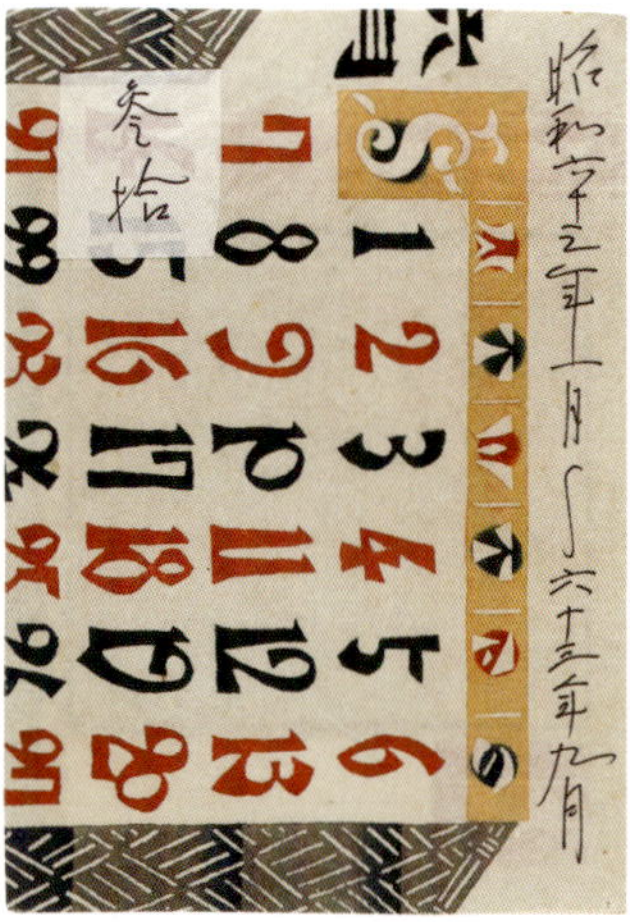

◆昭和63年（1988） 7月24日（日） 曇（21℃）

天ぷら（車えび、かぼちゃ、なす、のり）
枝豆の塩ゆで
アスパラのおひたし
おみおつけ（みょうが、青しそ）

30冊目

真夏の天ぷら

「じっと坐っているだけで、額に汗の吹きでるような真夏の夕方、うちではよく天婦羅を揚げる。
ぬるめのお風呂でサッパリ身体を洗ったあと、気軽な浴衣がけで揚げたての車えびやきす、など口にしたときのしあわせ……一日の疲れがスッととれるような気がする、と家人は機嫌がいい。魚ばかりとはかぎらない。あり合わせの野菜――さつま芋、にんじん、ごぼう、青紫蘇、茄子にピーマン、新しょうがなど、いろとりどりの精進揚げも喜ばれる」
（「夏まけには……」『私の台所』）

読んでいるだけで食欲がそそられます。よっしゃ、天ぷらやってみようか……という気になる。そんな時に思い出すのは、我が家の「夏ごはん」のこと。私が中学生の頃、暑い夏の朝、2階の部屋から階段を駆け下りると、パチパチと何かを揚げる音が……天ぷらそばでした。母は「夏は栄養つけなくちゃね」と言っては天ぷらを揚げ、家族はおいしく平らげていました。当時は、朝ごはん抜きで平気な人が世の中にいるなんて考えられなかったし、「朝ごはんの天ぷら」もちっとも特別なこととは思っていませんでした。

しかし実は、自分で天ぷらを揚げたことは数えるほどしかありません。あとかたづけが面倒だから、「やっぱり天ぷらは外で食べるのが一番」なんて言い訳をしてしまう。でも時々、お惣菜のかき揚げや精進揚げが無性に食べたくなることがあって、ああ、そういうのを気楽に揚げてみたい……という憧れもあります。

「なんとか、あと始末が出来るようになってからは、おそうざいのかき揚げも気楽にこしらえるようになった。献立につまると、あり合わせの玉ねぎに桜えびとか、いかとさつま芋など、合い性のいいものを手当り次第に揚げたりして……それがうまくいったときの嬉《うれ》しいこと」（「だんどり」『わたしの献立日記』）

あの沢村さんにして、天ぷらは、その始末がだんどりよくゆく工夫をしておいてこそ、気楽に取り組めるものなのです。なるほど。沢村さんと母にならって、夏バテ防止のため、天ぷらにチャレンジしてみたい。そしてまだ明るい夕方のお風呂あがりに、揚げたての天ぷらと冷えたビールで、ぷはーっとしあわせなひとときを味わいたいものです。

天ぷら（車えび、かぼちゃ、なす、のり）

材料（2人分）

車エビ……4尾
かぼちゃ……60g
なす……1個
のり……¼枚
卵……1個
冷水……⅔カップ
薄力粉……適宜
揚げ油……適宜

［天つゆ］
だし汁……180ml
みりん……大さじ3
しょうゆ……大さじ3
大根おろし……適宜
おろししょうが……適宜

作りかた

① エビは洗って手で持ち、頭をねじるようにして切り離してハラワタを取る。
② エビは最後の一節を残して殻をむいて、尾の先を少し切り落とし、包丁の先で中の水をしごき出し、腹に浅く4本ほど切り込みをいれる。
③ かぼちゃは皮のまま洗い、8ミリ厚さに切り、長さを2〜3等分に切る。
④ なすはへたを切り、1センチ厚さの斜め輪切りにして水でさっと洗い、水気をふく。のりは4等分に切る。
⑤ ボールに卵をほぐして、冷水を加えて混ぜる。
⑥ 厚手の鍋かフライパンに油をいれて、中温に熱する。
⑦ 別のボールに、⑤の卵水を⅓ほど取り分けて入れる（残りは冷蔵庫で冷やしておき、3、4回に分けて使う）。同量の薄力粉を加えて十文字を5回描くように軽く粉気が残るぐらいまで混ぜて衣を作る。
⑧ かぼちゃに粉をまぶして⑦の衣をつけ、⑥の油の中に入れて火を弱めて、途中、裏に返しながら揚げる。残りの材料も同じようにして揚げる。
⑨ エビは尾を持って衣に通し、油に入れてさっと揚げて取り出す。頭も胴と切り離した部分に粉をまぶして衣につけて、色良くかりっと揚げる。
⑩ 器に天ぷらを盛り、天つゆ、大根おろし、しょうがを添える。

5日(金)	○うなぎの蒲焼き ○きゅうりとしらすの酢のもの ○栗のふくめ煮 ○おみおつけ(しじみ)	朝、コーンフレーク ロールパン ハムエッグ 牛乳、 {バナナ きゅうり 玉ねぎ にんじん トマト
6日(土) (寒い)	○魚ちり {車えび、鯛、こあじ ねぎ、おとうふ、ほうれん草 糸しらたき ○のり	朝 コーンフレーク ぶどうパン ハムエッグ スッポンスープ 牛乳、 {バナナ りんご トマト さや おやつ 紅茶 クッキー。
7日(日) 晴、ときどき曇 ご家族 来訪	○かますの干物 ○牛肉とほうれん草さやの いためもの ○かまぼこ ○おみおつけ(あさり	朝 コーンフレーク ぶどうパン ゆで玉子、牛乳 {バナナ さつま芋 こまつ菜 トマト おやつ クッキー いろいろ (お客さま)
8日(月)	○こあじのおさしみ ○こまつ菜のごまよごし ○かまぼこの煮つけ ○ごまどうふ ○おみおつけ(とろろ芋)	朝 コーンフレーク ロールパン ゆで玉子、牛乳 {バナナ ほうれん草 トマト りんご おやつ クッキー

9月21日(月) 晴 (山崎さん来宅) ローマイヤハム詰合 クッキー	○さんまの塩やき (大根おろし) ○かまぼこ ○ひややっこ(ねぎ、花かつお) ○おみおつけ(しじみ)	朝 コー バ ゆ 牛 おやつ 松茸 じゅー
9月22日(火) 晴(風) (帝一大脇温泉) (和田さんより 小あじ一ぴき位て. いただく.	○ハヤシライス ○小あじのからあげ ○しらすときゅうりの酢のもの ○スープ(干しえび)	朝 コー バタ ハム 牛 おやつ クッキー 紅茶
9月23日(水) 晴(秋分の日)	○ひらめのうすづくり ○鰻ときゅうりの酢のもの ○かまぼこ ○おみおつけ(大根千六本)	朝 コー ぶど スフ ゆで おやつ クッキー
9月24日(木) 晴	○かますの干物 ○とりささみ照りやき ○かぼちゃの煮もの ○おみおつけ(しじみ)	朝 牛乳 ちし こま ゆー おやつ どらや

近ごろ、毎日のご飯の柔らかさについて意見が
一致したのは――どうやら齢のせいらしい。

◆平成4年（1992） 9月24日（木） 晴

かますの干物
とりさゝみ照りやき
かぼちゃの煮もの
おみおつけ（しじみ）

36冊目

献立の基本

かます、さわら、あじ、いわし丸干し……メイン料理に登場することも多い干物。そのおいしさを味わうには、絶対に炊きたてのご飯。というか、おいしいご飯を味わうなら、干物のように滋味深いおかずがもっとも合うんですね。

ご飯の炊き方は小学校へあがった頃にお母さんに教わった、と沢村さんは書いています（「ご時世いろいろ」『私の台所』）。「あとさきチョロチョロなかパッパ、あかご泣くともふたとるな」。炊きあがったご飯はいい匂いがして、お米が一粒一粒立っていたそうです。「なんとか美味しいご飯を炊きたいって気持で工夫すりゃ、なんとかなるよ」。そういうお母さんのかたわらに坐りこんでいる内に、その工夫が心と体に染みついたのでしょう。沢村さんは自動炊飯器を使用するようになってからも、機械にまかせきりにはせず、自分流の工夫をしている。ごはんの盛りつけにも気を配って、空気を入れるようにひと掬いずつ、ふんわりと盛るとおいしくなると書いています。

ご飯のおともに欠かせない「おみおつけ」、私も小さい頃から大好きでした。出汁《だし》はかつお節。当時は煮干し出汁の味噌汁は食べたことがありませんでしたが、外で初めて口にしたとき、そのどこか雑味のある風味に惹かれて、一人暮らしを始めてからは「朝ごはんには煮干し、夜ごはんにはかつお節」と使い分けるようになりました。

『わたしの献立日記』の「寒暖計」ほか、沢村さんの本にはたびたび漬物が登場します。どれも思わずよだれがでるほどの描写で、漬物好きの度合いがうかがえます。沢村さんがぬか漬けを漬けるのは3月から10月いっぱい。ちゃんと気温や気候を気にして、漬けどきをみはからう。素材それぞれのおいしさ、美しさを十二分にひきだすために。

つややかに、ねっとり炊きあがったごはんがあれば幸せ。料理下手という自覚のある私は、せめておいしいご飯と味噌汁は手抜きなく作りたくて、一人暮らしを始めた時からずっと作り続けています。だからこそ、毎朝炊くごはんが一日とて同じにはならないのは経験上よくわかるし、今日のはピカイチにおいしく炊けたと思う朝は、なにかいいことがありそうな、嬉しい気分になる。おいしいご飯と味噌汁、漬物はおまかせください――そんな人になりたい、と心から思います。

とりささみの照り焼き

材料（2人分）

とりささみ……2〜3本分

ししとう……4本

油……大さじ1

酒……大さじ1

みりん……大さじ1

砂糖……小さじ1

しょうゆ……大さじ1と½

おろししょうが……少々

作りかた

① とりささみは筋のあるものは取り、1本を3等分ぐらいのそぎ切りにする。

② フライパンに油大さじ⅓を熱してししとうをいれ、中火で両面を焼きつけて取り出す。

③ フライパンをさっとふき、残りの油を足して熱し、とりささみをいれて中火で両面を色よく焼きつける。酒をふり、みりん、砂糖、しょうゆ、しょうがをいれてフライパンをゆすりながら、照り焼きにする。器に盛り、ししとうを添える。

常備菜

沢村貞子

　小さいころ、キチンと片づいた台所の片隅で、しちりんの上のお鍋がいつもゴトゴトと音をたてていた。静かな午後のひととき、香ばしいお醤油、甘酸っぱいお酢……ときには美味しそうな油の匂いが、せまい家の中にホンノリと漂い、菜箸を持った母が板の間にしゃがんでお鍋をのぞきこんでいた。決まったおかず（主菜）のほかに、いつでもちょいとお膳にのせられるようなもの「常備菜」をこしらえていたのだった。

　その時分は、一家の稼ぎ手の父の前に鰻の蒲焼きが出されるときでも、すねかじりの子供たちは里芋とこんにゃくの煮つけのような、たしないものと決まっていた。子供もそれを当り前と思っていたから、母がヒョイとおまけの煮ものを出してくれると、とても嬉しかった。

　なにしろ冷蔵庫のないころだから、そんなひもちのいい保存食といえば、大豆と昆布の煮こみ、小えびやアミの佃煮、ごぼうとにんじんのきんぴらぐらいだったが、ときどき、甘く煮こんだうずら豆など出てくると、私たちは歓声をあげたものだった。

　このごろ、私もしきりにそういうおかずをこしらえている。不意のお客さまやお弁当など、何かもう一箸……というときにけっこう役に立つことは子供のころから身にしみている。いまのわが家の台所には、小さいけれど冷蔵庫のほかに冷凍庫も備えてあるし、立ち流し、ガス台もあるのだから、仕事の暇をみつけて、せいぜいいろんなものをこしらえておかなければ、母に叱られそう……。

　私の得意は、煮豆である。畠のビフテキといわれる豆をフンワリ煮こめばどんなにうまいか、皆さまもご存知だろう。安もののおそざい、などとさげすんではいけない。まめという言葉には息災という意味もある。相手の健康を願うとき（あなたもおまめで……）というが、これは栄養たっぷりの豆をせいぜい召上って、病気をなさらないように……ということではないのだろうか――というのは、豆好きの私の偏見である。

　では、うちの常備菜二、三をちょっと。

『私の台所』より

五目豆

① なるべく新しい大豆カップ2杯を2倍の水と一つまみの塩に一晩つけておく。
② 翌日、つけ水のまま、落とし蓋をして中火にかけ、煮立ったら弱火にして2、3時間ほど（ときどき、水を足しながら）気長に煮る。
③ その間に、それぞれ1センチ角ほどに切った、昆布とごぼう、蓮根、こんにゃく、にんじんをカップ半杯ずつ用意する。
④ 鍋の大豆がやわらかくなったら、ごぼう、蓮根、こんにゃくを入れ、20分ほど煮てから、にんじん、昆布をいれる。
⑤ 30〜40分ほどして、野菜もやわらかくなったら、醬油大さじ3杯ほどで味をつけ、15分くらい煮てから、砂糖大さじ1杯をいれて、5、6分で火をとめ、そのまましばらく含ませておく（味つけは食べる人の好みによる）。

＊翌日まで、そのままおけば尚おいしくなる。

ひじき

① 大きめのボールを二つ用意する。
② 一方にたっぷりの水をいれ、乾いたひじきをいれてよくかきまわし、ゴミが沈んだら、両手でひじきだけ、そっとすくってもう一つのボールにいれ、また、水をはりかきまわす。これを3度ほどくり返してから、改めてきれいな水に、しばらくつけておく（このときにケチケチして下まですくうと、砂が残り、食べてからジャリッとするからご用心）。
③ ふくらんだひじきは、鍋にわかしたお湯でサッとゆで、ザルにあげて水をきる（びっくりするほどふえるから、気をつけないと、始末に困るほど出来る）。
④ 相性のいい油あげは細く切って熱湯をかけ、油ぬきをしておく。
⑤ 深めの鍋に油を少々熱し、まずひじきをいためてから油あげと少々の水を加え、醬油と砂糖で味つけしてトロ火でゆっくり煮込む。

＊かつおの出盛りに蒸しておいたなまり節も、ひじきとの相性がいい。こまかくほぐして一緒に煮れば、ちょっとしたごちそうになる。

いりどうふ

① 味噌汁の実にしたあとなどに残った豆腐をふきんで包んで、まな板でおもしをして水けをしぼっておく。
② にんじん、ごぼうと、水でもどしたきくらげか干し椎茸をごく細くきざんでおく。ねぎは小口切り。
③ ②を少量の油を熱した鍋の中でよく炒めてから、水をきったお豆腐をいれて、パラパラになるまで丁寧にほぐしながら煎りつける。
④ 味つけの醬油とお酒とほんのすこしのかくし砂糖をまぜてかるく煮立てておき、③に少しずつふりいれてはまぜ、平均に味がついたら、とき卵をサッと万遍なくかけてちょっと火を通して出来上がり。
＊冷蔵庫なら2、3日。冷凍しておけば、1ケ月ぐらいは味がかわらない。

きんぴら

① ごぼうは皮をたわしでこそげるようにして洗い、細い千切りにして水にさらす。
② にんじんは皮をむき、ごぼうと同じくらいに切る。
③ フライパンに油を熱してごぼう、にんじんをいれて炒め、酒、水を加えて煮たってきたら、みりん、砂糖、醬油を加えて汁気がなくなるまで炒り煮する。
＊ゴマ入りも風味がある。

ねり味噌

① 味噌100グラムにつき、砂糖カップ半分、酒とみりんをそれぞれ大さじ2杯ずつ、卵の黄身1個を一緒に鍋にいれ、湯せん（焦げつかないための二重鍋――お湯を煮立てた大ぶりの鍋の中に、材料をいれた小ぶりの鍋を浮かせるようにいれこむ）にして木のしゃもじでゆっくりていねいに練りあげる。

② 火はとろ火。大鍋のお湯はときどき足す。

*季節をとわず、白、赤のねり味噌をこしらえておくと、何かにつけて便利だし、あれこれ応用がきくから楽しい。

ねり味噌応用編

*ほうれん草の葉先をゆがいて裏ごしにかけ、白のねり味噌にあわせてすり鉢ですれば、色あざやかなみどり味噌。木の芽をすってまぜれば、プンと香りのいい木の芽味噌。筍の季節には、是非欲しい。

*三角、四角に切ってうす味に煮こんだおとうふとこんにゃくを、竹串にさし、それぞれに白と赤のねり味噌を塗れば、ちょっとおつな田楽が手早く出来る。

簡易オニオンスープの素

① 玉ねぎ2、3個を半分に切り、端からごく薄くきざんでおく（よく切れる包丁を使えば涙がこぼれることもない）。

② ①をバターで炒め、スープをいれてゆっくり煮込めば美味しい玉ねぎスープができる。

さらに簡易版

① うす切りの玉ねぎにかるく塩をふってしばらくおき、フキンにはさんで水気を切る。

② 厚手の鍋に油を熱くして、その玉ねぎを何回かにわけていれ、こんがりと狐色になるまで揚げて、さましてから容器にいれて冷蔵庫にいれておく。

③ その玉ねぎをスープ皿に二つまみほどいれて、とかした固形スープをそそぐ。粉チーズをパラリとふれば若い人向きにもなる。

ほっとするもの

主菜のほかに、いつでもちょいと食卓にのせられるもの。時間のある時に作りおきしておく常備菜は、不意のお客やお弁当など、何かもう一品という時に役立つ、おまけのお惣菜。「ただし、手ぬきをすると、材料が安ものだけに、誰も見向きもしないという、悲しい運命になってしまうから、ご用心ご用心」(「常備菜」『私の台所』)

私の実家でも、ひじきの煮付けやきんぴら、かぼちゃの煮物などのほかに、いつも何かしら豆が煮てありました。その頃はどれもとくに箸が伸びるものではありませんでしたが、おかしなもので、一人で暮らすようになってから、妙に食べたくなってひじきの煮付けやかぼちゃの甘煮をよく作りました。

ひじきの煮つけは海藻も繊維質も栄養価の高い豆も含まれているし、材料も高価ではないしと、いろいろな点で優れているんですね。かぼちゃもカロチンなどの栄養がたっぷりで、母から「体にいいから、思い出したら作りなさいね」と言われたものでした。若い頃はそうでもなかったけれど、そんな地味な惣菜が今はすごく好きだし、せわしない日々の中で食べると、ほっとします。

沢村さんも「煮豆は私の得意な料理の一つ」と書いています。前の晩、水につけておいた豆を、仕事が休みの日は台所で台詞を覚えながら、ゆっくりと煮る。美しく煮上がった豆はあごに吸いつくほどにねっとりとおいしいけれど、「どうやら私は、『煮上がった豆』を食べることよりも『煮上げる』ことを楽しんでいるようである。ゆっくり、ていねいに、やさしく豆を煮ることを……」。「あんまりめまぐるしく、騒々しく、そしてせっかちな世の中に、うんざりしきった心のしこりが、鍋からあがるかすかな湯気といっしょに消えてゆく、といったら大げさかしら」(「豆を煮る」『わたしの茶の間』)

いりどうふも定番の常備菜。夫婦二人の味噌汁に豆腐一丁は多すぎるから、その残りを使って作るとあります。これは実感としてすごくわかる。使う野菜も卵も、かならず常備している食材だから、味噌汁を作るついでに、ちゃちゃっと作ってしまうのでしょうね。じゃがいもと玉ねぎはおそらくいつもあったはず。冷蔵庫に入れなくてもいいし、保存もきくし。玉ねぎのサラダがたびたび登場するのもうなずけます。時間のあるときには、スープの素を作っておく。

きんぴらも懐かしい家庭の味。切りかたを工夫して食べやすくしたり、食感を楽しんだり。時にはささがきにして鶏肉をまぜ、飽きないように変化させる。ねり味噌は作りおきしておけば、いざというときに何か具をまぜて季節感のある味噌だれに。手の込んだ「おもてなし料理」に生まれかわります。

沢村さんの常備菜はどれも、「なるほど」と納得のゆくものばかりです。

レシピ早見帖

沢村さんの本を読んでいて、食べものの作りかたの記述にあうと、すぐにでも台所に立ち、料理を作りたくなってしまうことがよくあります。そんなレシピをいくつか抜き書きしてみました。

出し

鍋の水に昆布をいれ、煮立ちかけたら引きあげて、すぐ、けずりたての鰹節をいれ、また、ちょっと煮立ったら火をとめて漉せば、おいしい一番出し――ほんのりとした味と香はお吸物用ということである。もう一度、お鍋に水をはり、引きあげた昆布と鰹節をゆっくり煮出したものが二番出し――こっくりとした味は、乾物や野菜の煮物に欠かせない。わが家では、暇をみて、四、五日ごとに一番出し、二番出しをこしらえて、それぞれガラス瓶につめて冷蔵庫に保存しておく。

お吸物

お吸物は、たっぷりの昆布と鰹節でとっただしが何より。のりすいはあぶって揉んだ海苔と針しょうがをお碗に盛り、酒、醤油、塩で好みの味をつけた熱いだしをかける。かきたま汁は濃い目の味、片栗粉でとろみをつけて煮だたないようにしておき、玉子を、泡立て器でかきまわしながらタラタラと落とし、いれ終ったら火をとめ、さらしねぎとしょうがの汁をいれると、フンワリとおいしい。

御御御つけ

娘のころは、毎朝、入用なだけの粒味噌をすり鉢でゴロゴロすったものだけれど、この頃手にはいるのはこし味噌ばかりである。わが家では、防腐剤ぬきの甘、辛二種に八丁味噌を少量あわせ、雑魚とコブのだしでとかしている。

白く乾いたダシ雑魚の、銀色のあたまをはずし、二つに裂いて黒く固まったハラワタをとってしまえば、いくら煮ても苦味は出ない。二人家族なら、深めのお鍋にカップ三杯ほどの水、マッチ箱ぐらいに切ったコブ二、三枚、裂いた雑魚四つか五つをいれて中火で三分の二ほどに煮つめておく。

大切なことは、そのダシでといた味噌汁は、かならず、食べる直前に火にかけること。一度煮たてたものを、さめたから、と言って煮返せば、たちまち、匂いはなくなり味は落ちる。

家族の一人が、都合で先に食べるときはその人の分だけ別のお鍋でわかすようにする。蓋はしない。フッフッと煮立つや否や、火をとめ、手早く椀に盛る。そのころあいの煮加減が、味噌汁の命、ということである。

大根や里芋などの実《み》を使うなら、ダシの中であらかじめ煮ておくこと。若布やおとうふのようなものは、用意しておいて、ガスにかけるときに入れればいい。油揚げとねぎ、春菊と椎茸のように、相性のいいものを二種類使えば、いっそう美味しくなる。

味噌の量は好みによる。（普通、一人分大さじ一杯――一五グラム位とされている）ふるえ上るような寒い朝はすこし濃いめに、ポカポカと暖い日は、ちょっと薄い方がいい。ほかのおかずとの釣り合いも考えよう。老人にはすこし薄めに、と言っても、お椀の中に自分の眼の玉がうつるようでは、食欲がおこらないだろう。

こまかくきざんだ柚子の皮、掌で叩いた山椒の若葉、ときには二、三滴のしょうがのつゆ、七味など添えれば、風味をます。

＊「御御御つけ」は『私の台所』、その他は『わたしの献立日記』より

梅酢

青梅一・五キロを米酢九〇〇ミリリットル、蜂蜜一キロにつけこんで、冷たく暗い場所に三ヶ月ほどおく。おいしい梅酢が出来る。古くなるほど味がよくなるが——その酢に少量の塩と醤油をまぜれば酢めしや酢のものに……サラダ油をいれればドレッシングに——酸っぱいものは嫌いという人もよろこんでくれるから嬉しい。梅酢を使いきったあとの梅の実は、砂糖を加えて梅ジャムにする。

すしのもと

暇な日に、ごぼう、筍、干椎茸をこまかくきざんで少量のゴマ油で丁寧にいため、お酒と味醂、醤油でゆっくり煮こんでおいたものである。［こわけにして冷凍にしておく。］

うにご飯

瓶詰の雲丹《うに》一〇〇グラムをカップ二分の一のお酒と三個の玉子の黄身でとき、二重鍋をとろ火にかけ、焦げつかないように、つきっきりでゆっくり気永に煎《い》りあげる。ねっとりしたおだんごから、やがてサラサラした砂のようになるまでかれこれ二時間近くかかったが、塩少々と昆布をいれて炊いたご飯にまぜたうにご飯のおいしかったこと。

まぜずし

［炊きたてのごはんに梅酢、少量の塩、醤油をまぜ酢めしをつくる。］まだ温か味の多少残っているすしめしにこれ［すしのもと］をまぜると、けっこうおいしい。［あれば］出盛りにゆがいて冷凍しておいた青豆、塩とお砂糖で煎りあげた玉子、紅しょうがを少々いれれば色どりもいい。その上に、いきのいいときに冷凍しておいた白身の魚——ひらめ、すずき、エビなどを、ちょっと酢につけてから格好よく散らせば、なかなかのもの。もみ海苔はしけないように、小袋にいれて添えておく。

青豆

春先、グリーンピースの出盛りの頃、さやごと十キロも買いこんで、皮をむいたやわらかい青豆を少量の塩をいれた水でさっとゆがき、カップ一杯ずつ、小さいビニール袋にわけて冷凍しておけば、一年近く味が変わらないから嬉しい。

青豆のうにあえ

［冷凍した青豆］一袋を軽くゆがき、日本酒でといた瓶詰のうにとよくあえて、ほぐした玉子でとじた「青豆のうにあえ」は、見た眼もちょっと洒落《しゃれ》ている。

あげもち

お正月のお供えをこまかく割って、よくよく干したものをたっぷりの油であげる。はじめはごくぬるい油でゆっくり——中の方までやわらかくなるのを待って、今度は強火でこんがり、きつね色にすれば芯までこうばしい。

うどんかけ

ひまな日に、思い切って多量の昆布とけずりたての鰹節《かつおぶし》をサッと煮立てて一番だしをとり——あとはもう一度ゆっくり煮出して二番だしをこしらえておく。冷めたら、それぞれ瓶につめて冷蔵庫へいれておけば、急ぎの場合に間に合う。一番だしに酒、みりん、醤油で適当に味つけしたうどんかけに二番だしで濃いめに煮こんだ油揚げをいれ、きざみねぎを添えれば、親方も若い衆もきれいに食べてくれる。

朝ごはん

◆昭和56年（1981）　9月10日（木）　晴（24℃）

食パン
サラダ（レタス、きゅうり、セロリー、さつま芋、トマト、パイン）
目玉やき

「献立日記」には、当初は夕飯の記録しかありませんでしたが、昭和42年7月から、朝食のメモも記されるようになります。一日二食の二人だから、どんなに忙しいときでも、かならず朝食はとる。どんな仕事もお腹が空いてはうまくゆかないもので、お腹にものが入れば、身体がしゃんとします。日によっては雑用で身体を動かしてから朝食をとったり、遅く起きた日には、軽くて栄養のあるものをゆっくり楽しんだり。

朝はごはんかパン、それにたっぷりのサラダと牛乳、とパターンが決まっています。こんなふうに決めておけば、作り手としては気分がとても楽。あれこれ考えることなく、準備はささっと。それでいて栄養のバランスのとれるものがいい。

おいしいパンには、濃い目の牛乳をたっぷりと。玉子は半熟のゆで玉子、目玉焼き、オムレツなど、かたちをいろいろに変えて。サラダは多くの野菜やハム、そしてフルーツを賽の目状に切り、マヨ

◆昭和56年（1981）　4月13日（月）　曇

おかゆ（さつま芋入り）
ふるづけ
かまぼこ
五目豆
サラダ（レタス、りんご、バナナ、レーズン、干しあんず、パイン）

ネーズやドレッシングで和えて見た目も美しく、つい箸が伸びるように工夫されています。サラダは毎日かならず食べていらしたようですね。

週に1、2度は炊きたてのご飯におみおつけ、海苔に納豆、干物と漬物の日も。寒い朝は餅入りの白がゆ、さつま芋の芋がゆ、鶏肉とみつばの雑炊なども登場します。

私自身、物心ついて以来、朝ご飯を抜いたことは5回ほどしかありません。それも「食べなかった」のではなく「食べられなかった」のですが、それって、実はめずらしいことのようですね。いまの私の仕事はおもに料理の本を作ることですから、撮影のとき、空腹のまま食べものに囲まれているのはつらい。まずはきちんと朝食をとることから、それもゆっくりと食べて、お茶を飲んで、その日の仕事のことを考える。朝ごはんをゆっくり食べることは、私にとって1日の大事な始まりなのです。

おやつ

「食事は一日二回だけ」という沢村さんの言葉で、ようやく「おやつ」の意味がわかりました。というのも、おやつの欄だけ見ていると、甘いものにかぎらず、麺類なども多くて「おやつなのに……」という疑問があったからです。基本は2食、と控えめにしていたからこそ、あのしっかりとした晩ごはんがおいしく食べられたのでしょう。

おやつは和菓子に緑茶、ケーキに紅茶など、目先が変わるように工夫されています。ご主人はあずきが好物だったとのことで、おしるこにゆであずき、小倉パン、あんみつ、あんまん……などなど、いろいろ出てきます。

私の子どものころの特別なおやつも、母といっしょに作る「白玉あずき」でした。食べながら「あっ、これは私の作った白玉だ」と発見するのが楽しかったものです。白玉づくりは水加減がとてもむつかしくて、母のようにうまく作れるようになりたいと思っていました。

沢村さんも白玉の作りかたについてふれながら、「計量カップもスプーンも使っていなかった母から、こうしてものの加減を仕込まれた私は、いまだになんでも目分量、手加減で料理する癖がついている」と書いています（「目秤り手秤り」『私の台所』）。

沢村さんが作るおやつで、たびたびアンコールとなったのは、昔懐かしい大学芋。できたてのおいしさは格別で、「こしらえるそばから食べれば、とにかく美味しい」（「大学芋のすすめ」『私の台所』）。

「献立日記」に登場する自家製ドーナッツも、揚げるそばから……のクチでしょう。私の子ども時代の定番おやつもまた、蒸したさつま芋、蒸しパン、そして揚げドーナッツにふつうの上白糖をまぶしたものでした。母が生地を作っているあいだに、大きさの違う「わっか」（ドーナッツを抜く道具）を探すのは私の役目。茶筒の蓋が薄くてカットしやすかった。ドーナッツの中心の穴の部分は、余分なところだけれど、揚げると膨らみ、まんまるになる人気もの。

母のそばでいろいろ手伝いながら自然に覚えたことって、いま思えば、大切だったんだなと感じます。

大学芋

材料

さつまいも……1本
揚げ油……適宜
はちみつ……大さじ2
黒いりごま……少々

作りかた

① さつまいもは皮のまま洗い、ひと口大の乱切りにして水に5分ほどさらして水気をふく。
② 揚げ油を中温に熱してさつまいもを入れて火をやや弱めて5分ほど、竹くしをさしてスーッと通るまで揚げて最後に油の温度をあげてかりっとさせて取り出す。
③ 大きめのボールにはちみつをいれ、②のさつまいもをいれてからめるようにして混ぜ、ごまをふる。

自家製ドーナッツ

材料（8個分）

薄力粉……250g
ベーキングパウダー……小さじ1
玉子……1個
グラニュー糖……40g
牛乳……60ml
溶かしバター……30g
強力粉……適宜
揚げ油……適宜

作りかた

① 薄力粉とベーキングパウダーを合わせてふるう。
② ボールに玉子をほぐしてグラニュー糖を入れて泡立器でしろっぽくなるまで泡立て、牛乳、溶かしバターを入れて混ぜ、薄力粉を加えてさっくりと混ぜてひとまとめにして冷蔵庫で30分ほどねかす。
③ 強力粉で打ち粉をした台に生地をのせて、めん棒で1・5センチほどの厚さにのばして、ドーナッツ型でぬく。
④ 揚げ油を中温に熱して③を4個ほど入れて、ドーナッツの穴に菜箸を入れて廻しながら、形作り、途中、裏に返してかりっと揚げ、残りも同じように揚げる。
⑤ あら熱がとれたら、砂糖（分量外）をまぶす。

ゆであずき

材料
あずき……1カップ
水……2~3カップ
グラニュー糖……60~100g
塩……ひとつまみ

作りかた
① あずきは洗い、鍋に入れて水を加えて中火にかけ、煮立ってきてアクがういてきたら、ザルにあげてゆで汁をきり、鍋にもどしてあらたに水2~3カップを加えて中火にかける。これを2回ほどくり返す。
② 鍋にあずきを入れて2~3カップほどの水を加えて中火にかけ、煮立ってきたら火を弱めて20分ほどゆでて、火を止めてそのまま冷めるまで置き、余熱で火を通す。
③ ②にグラニュー糖の½量を入れてふたをして中火にかけ、煮立ってきたら弱火で5分ほど煮て、残りのグラニュー糖、塩を入れて10分ほど煮てそのまま冷す。

おわりに

今回、献立日記とともに沢村さんの本を読み返して強く感じたこと、それは「気持ちよさ」でした。偉ぶることなく、おしつけがましくもない。愚痴も言わない。清々しい。そこには、凛として生きる女性の姿がありました。

『わたしの献立日記』に出会った頃、私が知っていた沢村さんといえば、テレビの画面で時々見る、きびきびとしたおばあさんを演じる女優というほどのもので、インタビューなどを読んだり見たりすることがあっても、その印象は変わりませんでした。ふだんの沢村さんの語り口は、面白いほど早口で、さばさばしていた。着物の着こなしも独特で、呉服屋の娘である私の母が「なかなかこういうふうには着られないもの」と感想をもらしていたのを覚えています。

実は本を読んでいるあいだ、幾度となく母の姿が沢村さんに重なることがありました。時代のせいもあって、昔の女性はよく働いたものと思うけれど、料理やその他の家事など、沢村さんの暮らしに対する姿勢には、母に共通するものがたくさんありました。もしかすると沢村さんは、母から見ても「こうありたい」と思うような憧れの女性だったのかもしれません。

沢村さんのエッセイにも、浅草での幼年時代の思い出話として、お母さまが何度も登場します。料理や掃除、いろいろなやりくり、周囲への気づかいなど、母親のかいがいしい後ろ姿を見て、また実際に仕込まれて育った沢村さん。大好きなお母さまと同じように家事をしたのかもしれません。「やってあげている」という思いは持たず、むしろ忙しければ忙しいほど、やるべきことを楽しむかのように片付けてゆく。むしゃくしゃしたことがお腹に溜まれば、包丁を研いで、ひとりコトコト豆を煮る。おいしいものをこしらえてお腹いっぱいになれば幸せな気分にもなり、周りへ優しい言葉のひとつもかけたくなる。そんなふうに「自分をととのえる」ことを、沢村さんは母親から学んだのだろうと思います。

『わたしの献立日記』を初めて読んだときは、献立の品目を追うことに気をとられて、エッセイの部分は軽く読みすすめたのですが、今回は献立よりもエッセイに気持が向いて、頷くことが多々ありました。それは、自分の年齢によるものが大きいはずです。30代から50代へ。いまは当時よりも生活というものに実感があるし、幸いにも好きな仕事もしている。生活もひとりから二人になった。

感じかたも変化しました。

40歳くらいのとき、スタイリストの仕事もプライベートも忙しくて、充実していると感じていたはずだったのに、突然、得もいわれぬ大きな不安に襲われたことがありました。家で一人でいる晩に、涙が止まらなくなった。ひとり暮らしが寂しくなったわけではない。それで、よくよく考えてみると、日々の忙しさの中で、自分を見失っていたことに思い至りました。

広告などの仕事を通じて、「素敵な生活」のイメージを作り、世の中に示している自分自身が、実は、中身のある生活をまったくできていない——惨めでした。私にとって、忙しいことは幸せではなかった。

私らしく生活すること——朝ごはんをつくり、洗濯して掃除をする、仕事をする、夜ごはんをつくる、のんびりする、ゆっくり休む……そうした基本があってこそ、仕事もできるはず。いち生活者としてちゃんとした暮らしをしていないと、これから先はないと気づいたんですね。それから2年くらいかけて仕事を整理しました。生活も変えました。

「はじめに」で、献立日記は愛する夫のためのものだけだったとするのは沢村さんに失礼ではないか、といいましたが、私が感じたことは、結局、どのような暮らしかたをするか、ということだったように思います。献立日記を読んで私が感じること、それはもちろん、夫への愛も大きなことなのですが、それだけでなく、まずは自分のために、人としてきちんと生きる、という沢村さんの姿勢なのです。

私がいま、料理の本を作っているのも、たんに読者に料理ができるようになってほしいと思っているわけではなくて、料理というものを通して自分を見つめたり、気持よく生きることについて考えてもらいたいと思っているから。そんな自分の考えがすでに『わたしの献立日記』や『私の台所』の中にあることにあらためて気づき、沢村さんの本に心を動かされるのがなぜなのか、ようやくわかった気がします。

自分できちんと生活を営んでゆくこと。正直に、自尊心を持って生きてゆくことの大切さ。今回、この本の仕事を通じて、沢村さんがそっと背中を押してくださったような思いです。「そのままおやんなさいな。誰のものでもない、あなたの人生なのだから」と。

食と生活

沢村貞子

人の心の中にひそむさまざまの欲のうち、最後に残るのは食欲——とよく言われる。

たしかにそうかも知れない……震災、戦災で辛い思いが続いたとき、そう思った。旅先で空襲にあい、やっと乗り込んだ汽車の中で見知らない人からいただいた一個のおにぎりのうまさ——終戦直後、大島絣《がすり》の着物と取りかえてもらった一升の小麦粉のありがたさは忘れない。ただ、食べたかった……ほかの欲はなかった。

食欲というのは、ほんとにすさまじいもの、と我ながら呆《あき》れるけれど……ちょっと、いじらしいところもあるような気がする。お金や権力の欲というのは、どこまでいってもかぎりがないけれど、食欲には、ほどというものがある。人それぞれ、自分に適当な量さえとれば、それで満足するところがいい。おいしいものでおなかがふくれれば、結構、しあわせな気分になり、まわりの誰彼にやさしい言葉の一つもかけたくなるから——しおらしい。

おいしいものとのめぐり逢いには、運がある。ついていない人は、ほんのちょっとの手違いで折角のご馳走を食べそこなったりするのに、運のいい人は、いつでもチャンと、そういう席に坐っている。

口運《くちうん》がいい、というのは、金運《かねうん》、女運《おんなうん》などからきた俗語らしいが、耳ざわりのいい言葉は、口果《くちか》報《ほう》。昔、ご殿女中だった母方の祖母にバナナをあげたら、

「まあまあ、こんな珍らしいものがいただけるなんて、口果報だね、おいしいことホホホ」

と右手で小さい口をかくしながら、おっとり笑ったものだった。

ことわざ大辞典の「喉《のど》三寸」の項には、

「美味を味わうのも、口から喉にかけてのわずか

右頁／葉山の家の台所で。1992年。

の間で、飲み下してしまえば皆同じである」と書かれている。食物のぜいたくをたしなめる意味である。そう言われれば、その通りかも知れない。

ところが――大した暮らしでもないのに、うまいもの好きだった私の父は、それをきいて、口をとがらせた。

「冗談じゃないよ、たった喉三寸の間でしか楽しめないからこそ、なるほどと思うようなうまいものを食べるのさ。眼をつぶって飲みこむだけじゃ、人間、生きてる甲斐《かい》がないってもんだ」

父の言い分は、なるほどとは言いかねるけれど――その血をひいているせいか、私もやっぱり、うまいものが食べたい。

おいしいものとまずいもの――人によって好みは違うが、口に入れた食物の値打ちを決めるのは、それぞれの味蕾《みらい》だという。人間の舌粘膜にあって、味覚を掌《つかさど》る細胞だそうな。うまいもの好きにとっては何より大切なものである。

それなのに――その味蕾の数が、齢とともに減ってゆく、というのは、なんとも侘《わ》びしい話である。もっとも、若い人でも、いい加減なものや、同じものばかり食べていると、ドンドン、それが減ってゆく、というから――こわい。ものの味のわからない暮らしなんて、それこそ、何とも味気ないだろうに……。

老夫婦にとっては残りすくない筈のその細胞の機嫌をとらなければ……そう思って、永年、せまいわが家でせっせと煮炊きをしていた私が、最近、フッと顔をあげてまわりを見て……おどろいた。

世はまさに「総グルメ時代」。新聞雑誌は料理の記事に大きいスペースを割《さ》き、街には古今東西、世界中の食べものが溢《あふ》れ、テレビでは有名人がそれぞれ得意の腕をふるっている。その間を、グルメ――料理通の人たちが、あそこのあれ、いや、ここのこれ……などと互いの味覚の鋭さを競いあい、本物を探し求めている。

食物の本物ってなあに？　どういうものかしら。値段のとび切り高いもの、めったに手にはいらないものが、かならず美味《おい》しい、とはかぎらないし……うまくなければ、本物ではないだろうし――素人《しろうと》は、考えるほどわからなくなってくる。

もしかしたら……私の味蕾はかなり気ままなのかも知れない。以前、おいしい、と思ったものでも、おなかがいっぱいのときは喉を通らないし、毎日つづければ決まって飽きがくる。他人《ひと》さまの

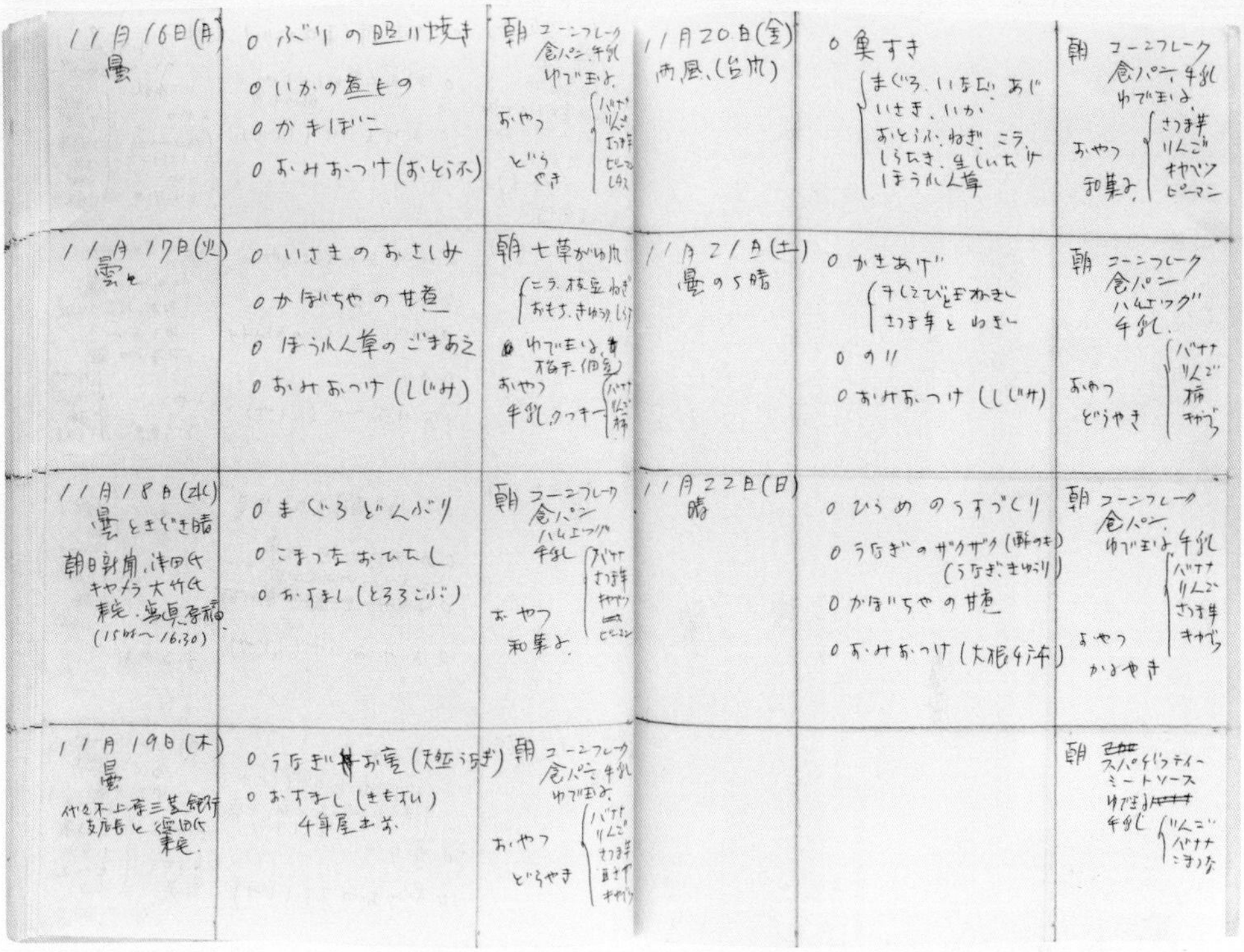
11月16日(月) 曇
0ぶりの照り焼き
0いかの煮もの
0かまぼこ
0おみおつけ(おとうふ)
朝 コーンフレーク 食パン 牛乳 ゆで玉子
おやつ どらやき

11月17日(火) 曇
0いさきのおさしみ
0かぼちゃの甘煮
0ほうれん草のごまあえ
0おみおつけ(しじみ)
朝 七草がゆ
おやつ 牛乳 クッキー

11月18日(水) 曇ときどき晴
朝日新聞 津田氏 キャメラ 大竹氏 来宅
0まぐろどんぶり
0こまつなおひたし
0おすまし(とろろこぶ)
朝 コーンフレーク 食パン ハムエッグ 牛乳
おやつ 和菓子

11月19日(木) 曇
0うなぎ丼 お重
0おすまし
朝 コーンフレーク 食パン 牛乳 ゆで玉子
おやつ どらやき

11月20日(金) 雨 昼 (台風)
0魚すき
まぐろ、いなだ、あじ いさき、いか おとうふ、ねぎ、ニラ、しらたき、生しいたけ ほうれん草
朝 コーンフレーク 食パン 牛乳 ゆで玉子
おやつ 和菓子 さつま芋 りんご キャベツ ピーマン

11月21日(土) 曇のち晴
0かきあげ
0のり
0おみおつけ(しじみ)
朝 コーンフレーク 食パン ハムエッグ 牛乳
おやつ どらやき バナナ りんご 柿

11月22日(日) 晴
0ひらめのうすづくり
0うなぎのザクザク
0かぼちゃの甘煮
0おみおつけ
朝 コーンフレーク 食パン ゆで玉子 牛乳
おやつ かるやき バナナ りんご さつま芋

朝 スパゲッティー ミートソース 牛乳 りんご バナナ

前でちょっと気取って箸《はし》を持ったりすると——味蕾がすねてそっぽを向くらしく、さっぱり味がわからない。なんとも厄介《やっかい》なものである。

二十年来、わが家の食事は朝と夜だけ——おひるはおやつ程度になっている。従って、私たちの今後の食事の回数は、残りの年月に2をかけただけである。そう思うと、いい加減なことはしたくない。うっかり、つまらないものを食べたら最後……年寄は、口なおしが利《き》かないことだし……。

さて、そうなると、一体、なにをどう食べたらいいのだろうか？　あれこれ悩んだあげくの果てに——こう考えた。

（いま、食べたいと思うものを、自分に丁度いいだけ——つまり、寒いときは温かいもの、暑いときは冷たいものを、気どらず、構えず、ゆっくり、楽しみながら食べること）

なんとも、月並だけれど——どうやら、それが私たち昔人間にとって、最高のぜいたく——そう思っている。

（さあ今日も、ささやかなおそうざいを一生懸命こしらえましょう……）

『わたしの献立日記』より

上／献立日記の最後は、36冊目、平成4年（1992）11月23日（月）の朝食。ミートソースのスパゲティ。

明治生まれと大正生まれ

笹本恒子

女性報道写真家の草分けにしていまも活躍中の笹本恒子さん(1914年生れ)の代表作。葉山の家で、書き物机に坐る沢村さん。1996年。

沢村貞子さんを撮影したのは2度、1990年と96年です。そのころ私はライフワークとして、明治生まれで、なおかつ現役で仕事を続けている女性たちを取材するプロジェクトを進めていました。沢村さんは明治41年（1908）生まれです。

それまで、沢村さんについてはテレビドラマを拝見したり、随筆を読んだりしていましたが、面識はありませんでした。つてをたどって連絡先を知り、既刊の私の作品集をお送りして、マネージャーの山崎洋子さんに電話を差しあげました。私は1947年以降、フリーランスのフォトジャーナリストとして活動していますから、先方にしてみれば「どこの馬の骨か分からない」人間。それなのにいきなり「取材をさせてください」と依頼したのです。「写真集はいつ出るんですか」「まだ出るかどうか分かりません」「展覧会はどちらで？」「未定です」といったやりとりのあと、それでも取材を受けてくださったのですから、ありがたいことです。

お会いするのは初めての方ばかりなので、撮影のときはいつも緊張するのですが、沢村さんはとても優しい方でした。一方で芯の強さも感じました。撮影中は私からはあまり話しかけたりせず、立ち位置やポーズも指定することはいたしません。「そのまま御自由になさってください」と申しましたら、沢村さんは御主人がお書きになった書の掛軸のそばにそっとお座りになりました。御自身の随筆のとおりの、細やかでいながら「普段着」の感覚をお持ちの方という印象でした。

撮影を始めてから1時間ほど経った頃、沢村さんをクルマが迎えに来ました。「いま新しい家を探していて、これから見に行くのよ」とそのときおっしゃったのですが、後日、沢村さんから「あなたがいらした時に見に出かけた家に引越し

上・左頁／笹本さん撮影のポートレイト。
上は代々木上原（1990年）、左頁は葉山で。

ました」というお手紙を頂きました。それで、親しみをおぼえ、１９９６年２月末に、引越し先の秋谷のマンションへうかがって撮影をお願いしたのです。御主人は94年７月に亡くなられたそうですが、沢村さんは御遺骨を手元で供養されていて、「自分の骨と一緒に海に流してもらうのよ」とおっしゃっていました。大きな双眼鏡で眼下の海を眺めて［７頁］、「これで覗くと、釣り人のお弁当のおかずまで見えるんですよ」なんて。そんな茶目っ気も沢村さんらしい気がしました。

書き物机に座っている写真［90－91頁］は、海から照り返す光があまりに強いので、あえてストロボもレフ板も使わずに撮影したところ、かえって雰囲気が出たのか、今でも皆さんに気に入っていただける一枚になりました。横顔が本当に美しかった。

その年の５月、ようやく資生堂で写真展を開くことができました。マネージャーの山崎さんから「沢村さんも来られるかも知れない」と聞いていたのですが、御体調を崩され、８月にお亡くなりになりました。

沢村さんは大正生まれの私より６歳上です。いまでこそ女性社長も女性議員もめずらしくありませんが、終戦後に新憲法が発布されるまで、女性には選挙権も被選挙権もなく、教育格差も大きなものでした。そんな「男尊女卑」の時代に、便利な電化製品も何もないなか家事をこなし、時に子育てをしながら仕事をなしとげた明治の女性たち――沢村さんを始め、作家の佐多稲子さんや宇野千代さん、画家の三岸節子さんや政治家の加藤シヅエさん、評論家の望月百合子さんといった、私がお眼にかかった方々のエネルギーは、男女同権確立後の世代とはまったく違うものだったと思います。そうした彼女たちの姿を、次の世代の私が残さなければとの思いから、明治の女性98人を撮影させていただきました。

沢村貞子の言葉

随筆家としての出発は61歳のときでした。生前に刊行された本は11冊、歿後に対談集が1冊。きちんとした暮しに裏打ちされた沢村さんの文章は、いつまでも色あせません。12冊の本それぞれから、私たちの心をととのえてくれる、よりすぐりの言葉を紹介します。

締切に遅れず、いつもきれいに清書された原稿が届いた。葉山の部屋で。奥の写真は女学校の卒業写真。お気に入りだったという。1992年。

●『貝のうた　生きてきた道』　講談社　1969年
●『私の浅草』　暮しの手帖社　1976年
●『私の台所』　暮しの手帖社　1981年
●『わたしの茶の間』　光文社　1982年
●『わたしの三面鏡』　朝日新聞社　1983年
●『わたしのおせっかい談義』　光文社　1986年
●『わたしの脇役人生』　新潮社　1987年
●『わたしの献立日記』　新潮社　1988年
●『寄り添って老後』　新潮社　1991年
●『老いの楽しみ』　岩波書店　1993年
●『老いの道づれ　二人で歩いた五十年』　岩波書店　1995年
●『老いの語らい』　岩波書店　1997年

時代を映しだす半生記

●『貝のうた　生きてきた道』
講談社　1969年

思いこむと、まっしぐらに進むのが、私のどうしようもない〝癖〟である。その先に、深い淵《ふち》があると知っても、どうも足をとめられない。ある時は考え、ある時は迷い、もっとほかに楽な道があるかもしれないのに、と溜息をつきながら、結局は、最初に選んだ細い、長い、曲がりくねった道を進むことになってしまう。〈苦しいからといってこの道を避けていたんでは、何のために生きているのかわからない〉その考えから逃《の》がれることができないのである。

「劇団新築地時代」

「料理には愛情が第一」と、つくづく私が知ったのは、刑務所暮らしのせいである。どんなご馳走も、毎日、機械的に同じものを出されては、胃も舌もうけつけない。食物の温度がどんなに大事なものかもわかった。

「蚊がすりの壁」

もとは還暦を迎えた貞子が、夫・大橋恭彦が主宰していた「映画芸術」誌の穴埋め原稿として書き始めた「生い立ちの記」で、仕事の休みの日、家事の合間に少しずつ執筆、夫や弟・加東大介の勧めにより出版することになった初の著作。「自分の子どもは、みんな役者にする」という悲願を持っていた狂言作者の父が、貞子が生まれたのを見て「チェッ、女か」と言ったというエピソードから始まる本作は、明治末の東京に生を受けた一人の女性が大正、昭和を経て37歳で敗戦を迎えるまでの半生記である。浅草のあたたかな人間関係の中で育った読書好きの少女時代や、日本女子大在学中に新築地劇団に所属した時代、左翼運動に精を出し治安維持法違反で逮捕され、2年近くに及んだ刑務所暮らしまで、波乱に富んだ半生が淡々と語られる。二つに割った貝の片割れを探す平安時代の室内遊戯から取られたタイトルには、心からの理解と愛を求めてさまよった自らの前半生への思いが込められている。

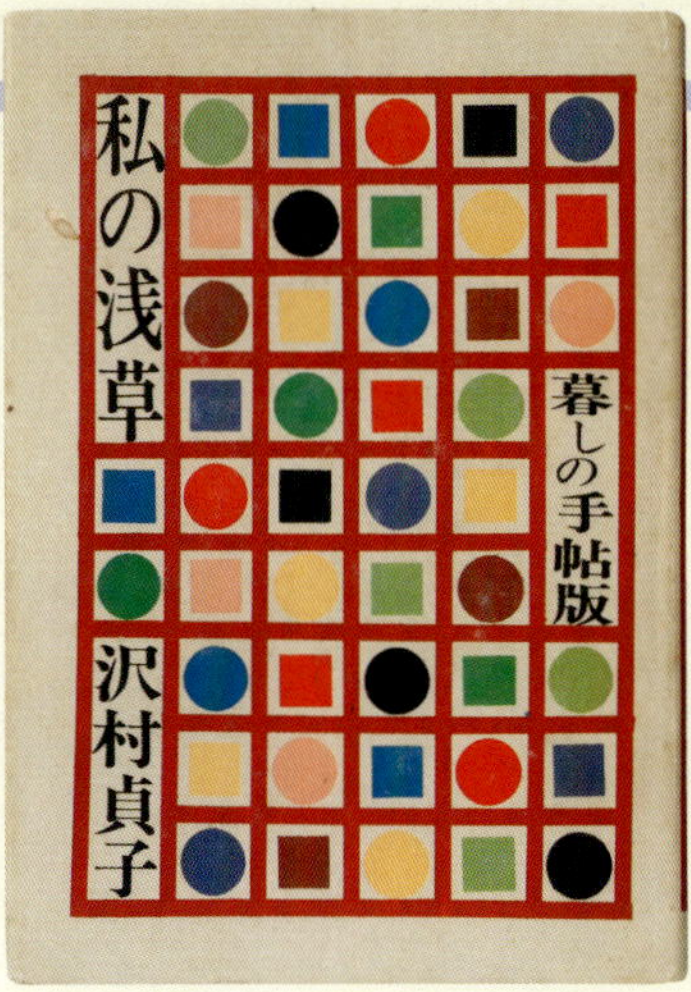

少女のまなざし

●『私の浅草』　暮しの手帖社　1976年

「女の子は泣いちゃいけないよ、なんでもじっと我慢しなけりゃ……」

母は、私が泣きそうになると、いつもそう言ってたしなめた。どうして、女の子は泣いちゃいけないのか、ときいたら、母はすまして答えた。

「泣いてると、ご飯の仕度がおそくなるからさ」

大正八年は全国的な不況で、たくさんの銀行がつぶれた。父と母が食べものから着る物までつめて、やっと貯めた小金も一夜のうちになくなってしまった。

あのときも、父は座敷でじっとうずくまって泣いていたけれど、母は台所でせっせと煮物をしていた。朝から何にも口にしない父に、なにか食べてもらおうと一生けんめいだった。

涙があふれそうになっていたけれど——母は泣かなかった。


「泣いちゃいけない」

夫婦ともに交流のあった「暮しの手帖」編集長・花森安治のすすめにより同誌に連載されたもの。少女時代を過ごした浅草での思い出を綴った短い随筆をまとめ、加筆して刊行。「女遊びは男の甲斐性《かいしょう》」とばかりに浮気を繰り返した父と、「私は野暮天《やぼてん》でお多福だから」と耐えていた母。そして兄と弟。役者やお囃子など芝居の興行に関わる人々、芸妓や旦那衆、味噌屋やおでん屋の主たち。節度を持って助け合いながら生きていた下町の人々の姿と「初詣で」「亡者おくり」「三社祭」「春のお彼岸」「お盆さま」といった昔ながらの年中行事、「どんどん焼き」「今川焼」「アンパン」などの食べ物まで、少女の目を通して見ていた大正～昭和初期の浅草の生活文化が、旧懐の念とともにみずみずしい筆致で綴られる。本作は第25回日本エッセイスト・クラブ賞を受賞、NHK連続テレビ小説「おていちゃん」の原作は、本書と前作『貝のうた』を合わせたもの。

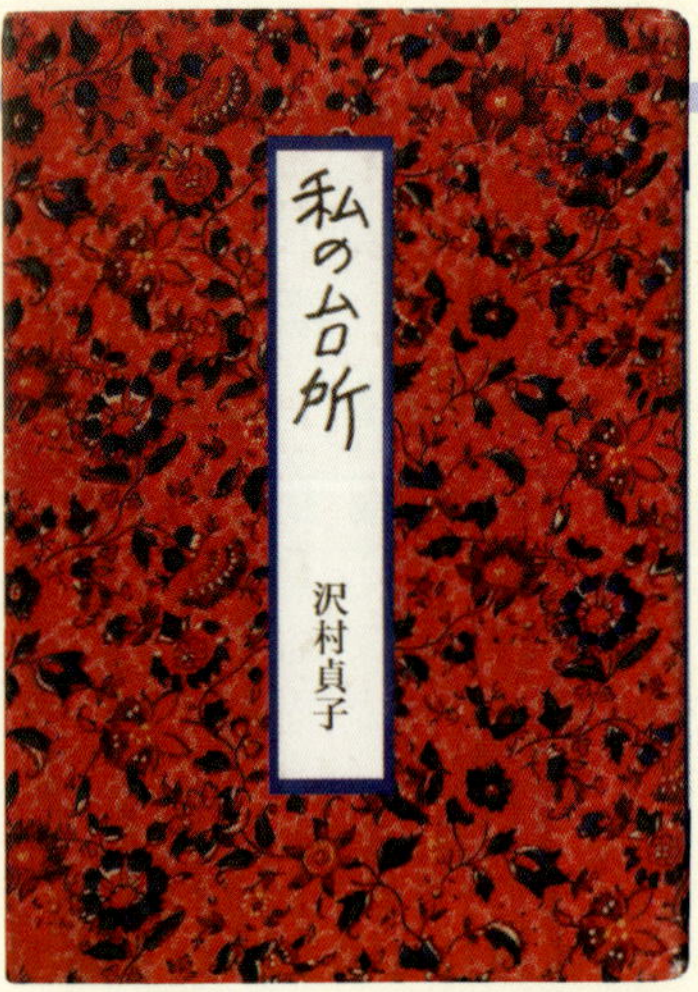

暮らしの知恵の宝庫

●『私の台所』　暮しの手帖社　1981年

それでも、別れるときには、あきたと言わず、ああの、こうのとその責任を相手に押しつけようとする人がいるけれど……そういう言い訳は互いの傷を深くするばかりではないかしら。悲しいことだけれど、

(人間は飽きる動物)

という本性をいさぎよく認めた上で、なんとか気分転換をするように心がけるより、仕方がないような気がする。

「あきていませんか」

前作で随筆家としての評価を定着させた貞子が、下町で育った子供時代から身につけてきた暮らしの中のさまざまな知恵や思いを軽妙に綴った随筆集。毎日の献立に変化をつけるためにつけ始めた「献立日記」についての話から始まり、料理や家事について、夫婦や肉親との関係について、お洒落についてなど、生活の諸事に対する考えをわかりやすい言葉で書きとめる文章は魅力的なアフォリズムに溢れ、女優の余技を超えて広く読まれることになった。「どんなに素敵な包装紙を使っても、それで包めば完全な美人になれる、と思うのは間違いである。ほんの少しだけ、きれいに見えればそれで結構、という気持で楽に着ること」。月に二、三度、家事をせずにたっぷり怠ける「デレンコ日」を作ること、また自分に対する中傷に対して悠然と知らん顔を決め込む「風流戦法」など、あくまで気張りすぎずに「粋」に暮らしを営む生活哲学が淡いユーモアを交じえて開陳される。

浅草の味

森まゆみ

私の母が生れたのは日本橋の商家だが、生れてすぐに浅草の歯医者に貰われた。その家は空襲でさっぱりと焼けたうえ、私が小さいころもう母の養父母も亡くなっていたから、実家というものがない母には、浅草という町そのものが実家だった。浅草にさえ行けばうれしがった。

同じ浅草育ちというだけで、母は女優沢村貞子さんには共感を持っていたし、下町の名門府立第一高女（現白鷗高校）を出ためずらしいインテリ女優だと、一目置いていた。私がドラマで見ていたころの沢村さんといえばちょっと意地悪な姑の役ばかり、小首をかしげて口をへの字に曲げ、ちょいと嫌みをいうさまなど「にくてらしい」ほどうまかった。だから好きになったのは、やはり随筆集『私の浅草』を読んでからである。手元にあるのは一九七六（昭和五十一）年の暮しの手帖社版。

沢村貞子は一九〇八（明治四十一）年、狂言作者竹柴伝蔵の次女として浅草に生れる。兄は沢村国太郎、弟は加東大介と役者、姉の矢島せい子は婦人活動家。で、本人は日本女子大在学中に新築地劇団に参加、一九三四年日活に入社、以後一九九六年に亡くなるまで名ワキ役として知られる。

『私の浅草』には、「稼ぎに追いつく貧乏なし」「何事もおたがいさま」「ほおら、お天道様が見ているよ」といった楽天的でやさしい下町の哲学があらわれている。そして浅草といえば下町の名店ぞろい、さぞたくさんのおいしい店が出てくるのだろう、と再読してみたが、一つもない。男の文士の本は、外食の楽しみ、懐しい店のうんちくが多く語られるのに、沢村さんの本にはそれがないのである。あらためて感心した。

あたりみかん――「母にせがんで小銭をもらい、目ざるをかかえてとんでゆくと、山のように盛りあげてくれた。嘘のように安かったのは、どのみかんも、少しずついたんでいたからである」

あたりみかんを売るほうの八百屋のおかみさんにも、さげすみは毛ほどもなく、母のほうにもひが

みがなかった。「その底には、お互いの財布の中味を知りつくしている裏町のおかみさん同士のいたわりあいがあったのかしら」

　くされみかん、とはいわず、あたりみかん、「大当り、大当り。早く母ちゃんにそう言っといで……」とおかみさんはいったそうだ。一つの食材からも、そんな人間関係が透けてみえる。

　私もこういう話を林町の古老に聞いた。子どものころ、魚屋のおかみさんが、ご大家にはいい切身をいい値で売っておいて、子だくさんの貧しい家には「いいのあるよ、持ってきな」と皿にアラを山盛り一杯安く売ってくれたという。猫でも食べない「猫またぎ」といわれるそれがありがたかった。情報とは人をだしぬく事じゃなくて、「情けで報いる」と書くんですよね、とその人はいった。

　どんどん焼き――「七輪の上の、小さい鉄板で焼いたうどん粉。そのなかにくるんだねぎや桜えびなどをふうふう吹きながら食べる楽しさ。ときには、甘いあずきをいれた、あんこまきの豪華版もあった」

　いか天を口に入れようとすると兄が「貞坊、うどん粉もっと貰ってこい」というし、持ってきてすわろうとすると弟が「姉ちゃん、おしたじ（しょう油）ないよ」という。やっとすわったとき、お皿のいか天はもう消えている。

「ひどいわ、用を言いつけといて、そのすきに食べちゃうなんて」「今度生まれかわるときは、男の子になりますように……」、そう観音さまにお願いしたそうである。戦前の社会に厳然とあった男の子と女の子のちがい、それを男女差別などといい立てるでもなく、やわらかに描いている。ここでも食べ物とは人間関係の中にある。

　私の父は昭和二年生れの芝白金の育ちだが、六人兄弟だった。あるとき祖父がイチゴのショートケーキを土産に買ってきて、六等分した。兄たちは大きいほうからさっさと食べてしまい、残ったほうをゆっくり大切に食べていた妹のまで横取りしようとした。私にとってはやさしかった、清楚な叔母がそのとき泣いた、と聞いて子どもの私は、女は損だと思った。それに戦前の子だくさんの家庭では、何と生存競争が厳しかったことか。

　おふくろの味――「一桝いくらで売りに来るアミを佃煮にしたり、昆布《こぶ》と大豆を煮しめたり、わが家の台所のお鍋は、年じゅう、コトコトと音を立てていた。毎年寒くなると、きまって、小豆を煮こ

上／家族とともに。後列左端が28歳の沢村さん。その右に弟の加東大介と兄の沢村国太郎夫妻。前列は孫を抱く両親。

んで、甘い〈おしるこのもと〉をこしらえておいてくれたし、お正月の鏡餅は、小さく割って、よく干して、シンまでカラッと香ばしい揚げ餅にして、茶だんすの罐にいれてあった」

沢村さんの父親は店屋ものばかり取った。たまに家にいると、好物の刺身に天ぷら、鰻。太い象牙の箸で一人、すましてそんなものを食べ、同じちゃぶ台で母と子どもたちは里芋とこんにゃくの煮つけをつっついた。戦前の家長は女子どもとは違うものを食べた。あるいは主人だけには一品多くついた。

母親はといえば、「私は野暮天《やぼてん》でお多福だからね、しょうがないよ」と旦那の浮気もがまんする。そんな母親はわずかなお金で子どもたちになんとかおいしいものを、とじゃがいも、人参、牛肉のこまぎれをゆっくり煮こみ、うどん粉でトロ味をつけた塩味のシチューをつくる。それにカレー粉を入れればライスカレー。財布がペシャンコの日は、おからを油でいためてソースをかけ、「ホーラ、豚カツの台ぬきだよ」。下町のつましい食卓の風景である。

思い出す。私もよく赤貧洗っていたころは「カニ玉のカニ抜き」なるものを子どもたちに食べさせていた。キャベツをいためて卵でとじてあんをかけるだけ。けっこう子どもの好物だった。それは家族の記憶となる。

こんなつましさは、沢村貞子が女優としての地歩を固め、収入が多くなっても変わらなかった。曲折の末、放送評論家の大橋恭彦氏と結婚して半世紀、沢村さんは一人の愛する家族のために心をこめて食事をつくりつづけた。（さあ今日も、ささやかなおそうざいを一生懸命こしらえましょう）

朝、床の中で眼をさますと考えるのはその日の献立て。幼いころから台所仕事を仕込まれていたので、料理はおっくうじゃなかった。さて昨夜は何を食べたかしら。それを忘れないようにと昭和四十一年から、献立日記をつけるようになったという。その年四月二十二日は、

・牛肉バタ焼き
・そら豆の白ソースあえ
・小松菜とかまぼこの煮びたし
・若布の味噌汁

だそうである。贅沢ともいえないが、なんともおいしそうだ。次の日はというと、

上／櫛や簪を売る浅草「よのや」の店先で。昭和40年代。

・豆ご飯
・いわしの丸干し
・かまぼこ
・春菊のおひたし
・大根千切りの味噌汁

わあ、これもおいしそう。ご飯とみそ汁、主菜に小皿が一つ二つ、きわめて健康的である。献立日記を見れば、去年の今日、何を食べたか、思い出せる。「そろそろ鰹の季節だ」「筍が旬かしら」と。

この『わたしの献立日記』(新潮社)は版を重ねた。大方、いまさらレシピなど不必要なベテラン主婦たちが買ったのだろう。私もこの本を見ると、どんなに仕事で疲れていても台所に立つ元気が出る。きのうは、小松菜と豚肉のおひたし、里芋の煮ころがし、鶏のからあげ、大根と豆腐のみそ汁、きゅうりのゆず漬。

スポーツ少年が二人いるから、多少、肉もとり入れてパパッとつくり、食べているうれしそうな顔を見て七時からの会合に急いだ。都心住いだからできることかも。

いま、食物を素材で買うのは二〇パーセントくらいだという。「もしカレーを五回食べるとしたら、一回が手作り、一・五回が外食、二・五回はレトルトパックという時代だよ」と食に詳しい友人に聞いた。私はレトルトや冷凍の惣菜は買わない。食の安全をいう生協の注文表にも出来合いのおかずがズラッと並んでいるのを見るとゆううつになる。

沢村さんはお米を選び、手早く研ぎ、笊《ざる》にあげて二、三時間おいて炊いた。これが〈食べることの基本〉である。無洗米なんてもってのほかだと思う。

レトルトパックを使いながら、食の安全、無添加だ無農薬だといいたて、生産者やメーカーを責めるような主婦にはなるまい、というのが私の決意。外食や加工食品には何が入っているかわからない。冷凍のハンバーグや餃子を買わないというのが私の意地である。

沢村さんのように、みごとなおせち料理をつくり、十五本の包丁を研ぐまではまねできないが、毎日正直に、米を炊いたり、野菜を煮たりは見習いたいと思っている。

女優という仕事

●『わたしの茶の間』 光文社 1982年

たしかに甘えは、ときには相手の心をくすぐる。単調な家庭生活の中では、それは一つの味つけにもなる。孫の甘ったれた鼻声に相好くずさない老人はいないだろうし、働き盛りの夫も、甘えたことのないしっかり者の妻にある日ふと物足りなさを感じることもあるだろう。

しかし、それは暮らしの中のほんのひとさじの化学調味料と同じ効用ではないかしら。むやみに使われてはうんざりして食欲がなくなり、やがては二度と振りむかなくなるだろう。

「甘えを恥じる」

新聞や雑誌などに書いた小文を集めた随筆集。基本的にはこれまでの著作と同じく、日々の生活の中で感じたことやそこから生まれたアイデア、幼少時の思い出が中心であるが、巻末に収めた「女優に関する十二章」が秀逸。もちろんタイトルは伊藤整の『女性に関する十二章』から取ったもので、美容、恋愛、健康、嫉妬、経済、修業、人気、教養、結婚、出世、社交、家庭の12項目に分けて、女優という職業に就く自分を含めた女たちの心理や裏話をちょっとしたアイロニーを含みつつ公開している。「私は単に自分の職業という以上に、女優という仕事に特別な感情をもっているようです。芝居ものの家に生まれ育って、その世界の裏表を見つくしてきたせいか――芸能界というところはどうも馴染めないのですが、そこに咲く花のような若い女優さんたちについては、何かにつけてかばいたい情が押えられないのです――どんなにたいへんな仕事か、皆さんに知っていただきたくて……」

好奇心衰えず

●『わたしの三面鏡』
朝日新聞社　1983年

老醜無残——という。その通り……美しく老いる、などと気取ってみても無駄なこと、年ごとの衰えはどう食いとめることも出来ない。せめて——心をゆたかにすることで、老いを忘れたい。長い人生経験を生かして他人をいたわり、やっと手にした余暇に本を読み趣味を楽しみ、何にでも興味を持つ弥次馬根性をなくすまい。まわりの人を不快にさせないためのお化粧もけっこう。乱れ髪をかきあげ、うす紅をさし、こざっぱりしたものを身にまとう……それが老女なりのたしなみ——いま私はそう思って暮らしている。

「たしなみ」

私は人間にとっていちばん大切なのは家族、とりわけ夫婦という単位の営みのような気がする。

「縁あって」

昭和57年に朝日新聞に連載した随筆「老いの入り舞い」に20篇を追加し、まとめたもの。自室にある古い三面鏡から取ったタイトルどおり、正面の鏡に映る「化粧っ気のない起き抜けの素顔」の私、右側の「淡い口紅をつけて、ちょっと愛想よく微笑」む女優の私、そんな自らの姿をいたずらっぽく眺める左側の「最近、おく面もなくモノ書き願望をもちはじめた私」と、貞子の多面的な魅力が感じられる随筆が並ぶ。立花隆の『宇宙からの帰還』から地球の未来へと思いを馳せた「シミだらけの地球」では知的好奇心に溢れた女性としての姿も確認できる。大震災や空襲も体験した人生の荒波の中で「私の気持ちをいつも明るく支えてくれたのは、幼いときから人一倍つよい好奇心のような気がする」（「あとがき」）。そんな自分を「ミー婆あハー婆あ」とユーモラスに呼ぶ貞子ならではの、70歳を超えてなお幅広く柔軟な視点で世事に向き合う姿勢が楽しく、痛快でもある。

語り口調の魅力

●『わたしのおせっかい談義』
光文社　１９８６年

でも私は、「女優」と「家事」のどちらをとるべきか——などと悩んだことはありません。この二つは並べて考えられるものじゃないと思っているからです。私の場合、女優をやめることはあっても、暮らしをやめることはないからです。

「暮らしはやめられない」

私は並、並人間ですからね。もう、容貌から、才能から、健康まで、健康は並よりちょっと悪いけど、だいたい並です。ですから、そんな立派な生きがいなんて、私には考えられない。ただ、そのときそのとき、「ああ、これだけはしたいな」と思うことをするし、「これだけはどうしてもしたくない」と思うことはしないようにしているんです。

「私にとって生きがいとは」

『わたしの茶の間』の姉妹篇として刊行された、講演会でのスピーチをまとめた貴重な内容。「今日、はじめて私の素顔をご覧になった方が多いと思いますが、いかがですか。——アラ、テレビで見るよりずっときれいだわ（笑）——そうお思いになったんじゃございません？」（「どちらが本物の私？」）。冒頭から軽みのあるユーモアで聴衆を惹きつけるサービス精神と江戸っ子らしい切れ味のよい話し言葉は、随筆の静謐な書き言葉から受ける印象とはまたひと味違った魅力に満ちており、思わず語りに引きこまれてしまう。「私ね、幸せというのは——楽しみとか、幸せというのは、魔法のランプではないと思うの。それは、一つの小さい点だと思うんですよ」。自らの生い立ちから、食に対する思い、伝統的な和の暮らしの知恵、女優業に対する姿勢、年齢に応じた生き方まで、これまでに多くの随筆で幾度も語ってきた人生観・生活観を新たな味付けで改めて楽しめる一冊。

バブルのころ

●『わたしの脇役人生』
新潮社　1987年

若い人たちの華やかさについ、ひかれて、一日中まつわりついて、「何をしているの」「どこへ行くの」「そんなことをしてはだめ、筋がとおらないよ」などと言ってはいけない。ときどき一緒に食事をし、たまに皆でおしゃべりをする——あとは若い人たちの元気な姿をすこし離れて眺められれば、それで結構。

「年賀状・心のふれあい」

「まったく、バチだな、お前は……」。バチとは「場違い」のこと。下町娘なのに化粧もしない、おしゃべりも嫌い。三味線や踊りの稽古から抜けだして本ばかり読んでいた貞子を、粋な江戸っ子だった父はそう評した。名脇役として知られた自身のキャリアをふまえた「脇役人生」というタイトルには、「どこへ行ってもバチだった」という挫折多き人生を、自分なりにまっとうしてきたという矜持が込められているようでもある。本書が書かれた昭和62年といえば、日本全土が狂乱のバブル景気に沸いていた頃。「お嬢さまふう」に憧れる女子大生たち、溢れる雑誌が生み出す流行、幼児から塾へ子供を通わせる受験戦争……社会の変化の中で古き良き時代の価値観が失われてゆく風潮にとまどいを感じながらも「とにかく——いまの自分にとって大切なものだけを選んでゆくことにしよう」と、80歳を目前にした貞子の穏やかな決意が語られるエッセイ集。

アンチ・グルメの記録

●『わたしの献立日記』
新潮社　1988年

お料理するってことは、プロデューサーも演出家も俳優もひとりで兼ねるようなものだから、なんと言っても面白いのよ

「あとかたづけ」

『私の台所』でその存在が明らかにされた「献立日記」の22年間30冊分の中から、1冊目と30冊目の内容をそのまま収録、さらに料理のコツ、工夫のメモを加えたもの。「世はまさに『総グルメ時代』。新聞雑誌は料理の記事に大きいスペースを割《さ》き、街には古今東西、世界中の食べものが溢《あふ》れ、テレビでは有名人がそれぞれ得意の腕をふるっている。その間を、グルメ——料理通の人たちが、あそこのあれ、いや、ここのこれ……などと互いの味覚の鋭さを競いあい、本物を探し求めている」（『食と生活』）。そんな飽食の輩が幅をきかせた時代に、「永年、せまいわが家でせっせと煮炊《にた》きをしていた私」の手料理の記録は新鮮さをもって迎えられ、その実用性も相まってベストセラーとなった。「いま、食べたいと思うものを、自分に丁度いいだけ」作って食べる——料理のみに限らない貞子の「足るを知る」生きかたのエッセンスが詰まった献立集。

暮らしを見直すための本

――『わたしの献立日記』刊行の頃

北村暁子

私が『わたしの献立日記』の編集に携わったのは、会社に入って編集の仕事を始めたばかりの、二十代の半ばごろでした。当時、沢村さんの『わたしの脇役人生』という小説新潮連載のエッセイを本にまとめることになり、代々木上原にあった沢村さんのご自宅にゲラをお届けしたり、打ち合わせのためにお会いするようになりました。通常は沢村さんとお話しして用件を済ませて失礼するのですが、ご在宅のだんな様、大橋恭彦さんが「お上がりなさい」と仰ってくださって、お茶の間に通していただくことがありました。沢村さんと大橋さんがちゃぶ台を囲んでお座りになり、お二人でテレビの国会中継を見ながら、楽しそうに政治談義をされていました。私は現役の女優としての沢村さんをよく存じ上げなかったのですが、きりりとしながらもくつろいだお着物姿は美しく、きちんと髪を結い上げて、その風情はとても素敵でした。ご夫婦のやりとりを垣間見て、お二人の、ぽんぽんと弾む会話が楽しくて、本当に素敵なご夫婦、と思いました。

沢村さんが毎日記録していた献立日記が存在するということは、お付き合いのある編集者を含めて周りの人々にはよく知られていたらしく、それまでにも「出版しませんか」というお話はあったようですが、沢村さんご自身は「こんな個人の暮らしを記したものは本にならないんじゃないかしら」と思っておられたそうです。あるとき、お茶の間でお話をおききしていましたら、そのお話が出て、大橋さんが、「北村さんみたいな若い人に見てもらったらどうだろう」と仰って、民芸風のカバーにくるまれた大学ノートに記された献立日記を見せてくださいました。若い編集者がどう感じるのかを知りたいとお思いになられたのでしょう。そのまま会社に持ち帰り、読ませていただきました。大変面白かったので、「ぜひ、本にしましょう!」と沢村さんにお伝えしました。このノートに記された実際の生活の中での記録は、胸にぐっと迫ってきて、「これは丁寧な暮らしをする人が参考にしたい本になると思います」とお話ししたところ、大橋さんも、「北村さんがそう思ってくれるなら、やってみたら」と沢村さんの背中を押してくださいました。沢村さんは普段から自分の生活を進んで公開することはしておられませんでしたし、「自分は料理のプロではないし、自分たちが普段食べているようなものを記しているだけでは商品としての価値はないのではないか」という謙虚なお気持ちだったようですが、それでも、「もし北村さんのような若い人が参考にしたいと言ってくれるなら……」と、ご了解いただいて、本づくりをはじめることになりました。

『わたしの献立日記』刊行の翌年(1989年)、代々木上原の家の庭で、夫と。

『わたしの献立日記』は、献立日記そのままの表のようなレイアウトで、日々の献立が記されているだけの、料理のレシピもないし、写真もない本です。でもこれが、これまでの沢村さんの毎日の実際の記録だということ、季節ごとに旬の食材を料理していることなどがわかり、その日の食事が暮らしの彩りになっている、というところが読みどころで、お料理の参考になるのはもちろんですが、私はこの本を「料理書」というよりも、読者が日常の暮らしを見直すためのヒントになる、生活について考える本だと思っていました。今でこそ、暮らし方やライフスタイルを提案する書籍はたくさん出ていますが、本書が刊行された一九八〇年代当時は、まだそういう本はほとんどありませんでしたし、比べるような類書もありませんでしたが、そういうことは考えず、ただ面白い本になるはず、という一心で、本づくりをしていました。今思えば、冒険的な試みだったと言えるかも知れませんが、献立日記をそのまま掲載する、時代をおいて昭和四十一年の一冊目と、昭和六十三年の三十冊め、という違う期間の日記を選んで二冊掲載する、という私のプランを沢村さんは、「それは、面白いわね」と受け入れてくださり、日ごろお聞きしていた暮らしの知恵のようなことを「献立ひとくちメモ」、と題して書下ろしていただきました。沢村さんは、私のような若輩の編集者にも、いつも丁寧に向きあってくださり、「こんなこと書いて面白いかしら、どう思う?」と意見を訊かれました。私は、どんなにそれが面白いと思うかをいつも話しては、うれしく原稿を戴いていました。

そんな沢村さんは、古い時代のよきものを伝えてくれながらも、そういうものだけに頑迷にこだわるというようなかたではありませんでした。『私の浅草』には浅草に暮らした当時の魅力的な人情の機微のエピソードがたくさん綴られていますが、「昔の浅草は、手のひらの淡雪のように消えていくものだから……あの時代の浅草はもう存在しないの。時代は変わっていくのよ。だから、私はずっと浅草に住もうとは思わなかった」。沢村さんはそんな風に仰って、「今の時代の面白さもいっぱいありますよ」と話しては、新しいことを素直に面白がっていらした。かつて映画評やテレビ評を書いていらした大橋さんとごいっしょに、ご夫婦でテレビドラマを見ることも多かったようで、若いアイドル女優の演技を「この人は、いいね」とお二人で褒めていらしたのをもれ聞いたこともあります。「いいものはいい、美味しいものは美味しい、面白いものは面白い」と、自由な態度で楽しみ、有名だから、高価なものだから、流行っているから、というふうには考えず、好きなものを気分よく選んでいる、というふうでした。

一九八八年十二月に刊行した『わたしの献立日記』は、結果的には予想を超えるヒットとなり、十万部を売り上げて、その後は文庫にもなり、長きにわたって読み継がれる本になりました。この本の魅力は、献立日記が実際に沢村さん自身の覚書として長い期間かかさずに書かれたものそのままだということで、他人に見せようとか本にしようというつもりで書かれたのではなく、自分の暮らしそのものの記録だったことです。旦那様の食事に同じ献立ばかりを繰り返さぬように、季節のものを仕事から帰ってすぐに調理できるように手早くそろえたい、という日々の食卓への想いがこめられていたのです。そんな沢村さんの日々の暮らしやご主人に対する気持が「本物」だったからこそ、読者にその素晴らしさが伝わったのだと思います。沢村さんも多くの人の暮らしの参考になり愛読されたことを、大橋さんとともにとても喜んでくださいました。[談]

［きたむら・あきこ／編集者・新潮社出版部］

海の見える部屋

●『寄り添って老後』　新潮社　1991年

江戸っ子の父は、持ち込まれた縁談の相手が資産家ときくと、
「娘を玉の輿にのせて左うちわだなんて、そんなうすみっともないことが出来るか」
と断ってくれたし、母は、
「お前がどうしてもしたいことは、していいよ。ただ、自分で責任を持つんだよ」
そのほかは、何にも言わなかった。

「独《ひと》りの会話」

ケチとは、出すはずのお金やものを惜しむ人――下町では一番嫌《きら》われ、鼻つまみにされた人たちである。

「『もったいなさ』とケチくささ」

平成2年、前年に女優業を引退した貞子は夫の希望を受け入れ、40年住み慣れた代々木上原の日本家屋から葉山のマンションへと引っ越す。本作はその前後の頃の生活と思いを書き綴ったもので、齢80を超えて初めて正面から自らの老いをテーマに選んだ随筆集。選挙の広報カーに、おばあちゃんも是非投票に行ってください、と声をかけられ、「え？　おばあちゃん……て、私のこと？　思わずまわりを見廻《みまわ》したけれど――誰もいない」。耳が遠くなる。記憶力が弱くなる。日々、衰えゆく体力の中で見据えざるを得なくなる、人生の幕引き。あとがきを書いた夫・大橋恭彦は「自分の死を心ない他人に邪魔されるのは御免だ」というフランスの歴史学者の言葉を引用し、貞子は「最後の幕がしまるまで、海を見ながら、ひっそりと寄り添って、自分たちの好きなように、自由に生きたい」と書く。残された時間を二人で自由にまっとうしようという意志が伝わってくる。

老いるということ

●『老いの楽しみ』 岩波書店 1993年

結局、幸福とは何なのか、私にはやっぱりわからない。だから——毎日の小さい喜びを一つずつ集めることにしあわせを感じている。

「幸せって？」

ひとりで生きられない人間が、それぞれに心の中にじっと抱いているのは、愛欲。いつもは、そこにいることすら気がつかないような、もの静かなこの欲は——あるとき、突然、烈しくふくらみ、金欲、権力欲など、ほかのすべての欲を押しのけるだけの強さをもっている。この欲望の底は深い。

「無欲・どん底」

葉山の海の見えるマンションへと移り、新しい生活に馴染んでいきながら、ゆっくりと自分たちのペースで生きることを楽しむ老夫婦の日常。河合隼雄（巻末では対談も行なっている）の本にあった「年寄りはブラブラしていてもいい」という言葉に「いいこと聞いた」と安堵し嬉しくなる夫の姿を見守りながら、世間と距離を置き、無理せず暮らす姿が描かれる。そんな中にあって、「海外派遣だけはやめて！」というエッセイでは、当時勃発した湾岸戦争におけるPKO（国連平和維持活動）での自衛隊海外派遣に対して、強い反対のメッセージを唱えている。「日本が戦争に参加しないことを外国から非難されても、『私たちの国には平和憲法がありますから』と言明し、その代わり、飢えた難民には食糧、病人には医療など、できるだけの援助をする政策を考えてください」。長く暗い戦争の時代を知る世代だからこその、老境を迎えてなお増す平和への祈りが心に迫る。

まぼろしの共著

●『老いの道づれ　二人で歩いた五十年』
岩波書店　1995年

あなたが言いたくないことなら――私は聞きたくありません。私にとって大切なのは、二人がめぐり逢ってからのこと……それ以前のことを無理に聞き出して――もし、気に入らなくても、もう一度、やり直してもらうわけにはゆきませんものね。

「『気力』」

私は若いとき、「いっしょうけんめい働いている人たちが、みんな、しあわせになるように……」と、せいいっぱい、いろんなことをしたけれど……結局、何にもできませんでした。

でも――一人だけ、しあわせにすることができたのですよね、あなた、一人だけ……。嬉しいわ、お閻魔さまに、そう言わなけりゃあ……。

「『別れの言葉』」

敗戦直後、脇役女優と新聞記者が恋に落ち、駆け落ちしてから半世紀もの時間が流れた。文字通り寄り添って暮らした50年史を二人の共著として書き残そうと始められた計画は、一回分を書き上げた夫の突然の死によって頓挫してしまう。本作はその後を継いで貞子が二人の思い出を書き記して完成した、波瀾万丈の回想録。京都座の楽屋に取材にやってきた大橋との出会い、お互いに家庭を持つ者同士が惹かれ合い、苦しみを乗り越えて過ごした日々。「僕の方も、なんとかしなければ……いや、絶対、なんとかするよ」「いいえ、あなたはいいの、あなたは今のままでいいのよ」。ついには妻子と仕事を捨て、身ひとつで東京へやってきた夫が始めた雑誌社に起こったいくつかのトラブル……包み隠さず語られる夫婦の戦後史は、夫の死後に戸棚の奥に見つけた妻への手紙によって締めくくられる。打ち明け話の持つ扇情性を遥かに超えた、静かで温かい感動が読む者の胸を打つ。

没後に編まれた対話集

●『老いの語らい』岩波書店　1997年

私ね、男が威張ってるほうが好きなんですよ（笑）。中身はまったく男女同権です。うちの中はね。下町育ちだし、言いたいこと言って、ああだこうだ、そんなことはないでしょうなんてやりましたけどね。でも相手のことも聞く。お互いにね。それがいいんですよ。

「お互いに助け合う――堀田力と」

女優になったからって褒められたい、人気を持ちたいっていっぺんも思ったことはありませんからね。

「あるがままを生きる――山田太一と」

平成8年8月、2年前に逝った最愛の夫のあとを追うように87年の生涯を閉じた貞子。その没後、自身にまつわる記事などを整理したスクラップブックの中から、幸田文、戸板康二、堀田力、山田太一、黒柳徹子、永六輔ら錚々たる人々との対談とエッセイを拾い上げ編んだもの。貞子夫妻を「母さん、父さん」と呼ぶほどに公私共に親しく付き合いを続けた黒柳との対話は、生前最後のテレビ出演となった平成8年2月の『徹子の部屋』の採録である。また巻末の「母を語る」と題したインタビューでは、死の前年にNHKラジオで放送された貴重な語りが堪能できる。「何かを自分のものにしようとか、自分が、自分が、と思わないで、みんなが、みんなが、と思うその気持ち」こそ母からもらった一番の宝物であると語る貞子の言葉のはしばしに、他人への優しさといたわりの心を生涯持ち続けたひとりの「下町女」の人生哲学がかいま見える。

山田太一ドラマの魅力

NHK・幸福駅周辺

大橋恭彦

十回シリーズの銀河テレビ小説〈幸福駅周辺〉は、フォーク歌手志望の初恵が、ようやく父の許しを得て、ひとり東京へ旅立ってゆくところで終っていた。

上野駅に誰が待っていてくれるわけでもない孤独な出発である。

北海道広尾線、ちっぽけな愛国駅にオンボロの二輌連結の気動車がとまっている。客席の窓から顔を出した初恵が、ベソをかいて「お父さん」と声をかける。ここで駅長をしている父親の欣造は、列車の進行方向に目をこらしたまま、

「バカタレ、泣くくらいなら行くな」

とどなる。その荒っぽいひと言が、決心はしているものの、やはり不安がさきだつ初恵を勇気づけるムチのようにひびいた。

親ひとり娘ひとり、寄り添って生きてきた貧しいながらも和やかだった営みが、この日から味気ないやもめの住居に変る。

どこにでもみられる別離の風景だが、この画面の佐野浅夫、木村理恵コンビがみせた情愛に満ちた演技は心に残った。

山田太一は、このドラマのなかで、増えつづける若い女性たちの大都会志向と、深刻な嫁不足になやむ農村青年のフラストレーションの実態など、見すごしてしまえないいくつかの重い問題をとりあげている。おととし放送された〈夏の故郷〉のなかでも、結婚難の解消にいらだっている長男グループのやりきれなさをモチーフにしていた。ところどころに民話風のとぼけたおかしさをとりいれた、おもしろい作品だった。一作一作を丹念に彫りあげること、一生懸命見ていてくれる人たちの期待に答えられるものを書きたい、それを信条にしているこの作家が、二年後の今日、また同じテーマをとりあげたのは、単なる偶然ではあるまい。よほど今日の若者たちの、自閉症気味のいらだちや、嘆きが気にかかるからなのだろう、そんな気がする。

このドラマは、さきの初恵を中心に、ちょっと風変りな三角関係を描いている。

耕一、広という若者が、ほとんど同時に求婚の申出をしている。さきの〈夏の故郷〉に登場してきた青年団のメンメンが、都会的センスを身につけ屈託のない明るい顔で里帰りしてきたムスメたちの前で、すっかり気おくれしてしまうひ弱さをみせたのとは対照的に、この二人は当の初恵たち親子の前でトウトウと農村生活の近代化を説き、結婚後の幸福設計などについても熱っぽくブチあげる。

「ライバルが相手方をけなすのはフェアじゃないぞ」

二人の求婚者それぞれの人となりを知っていてゴキゲンな駅長が、相好をくずす場面がおもしろかった。

だが肝心の初恵は、男たちの執心に、本気で対応する気持ちになれないでいる。成熟がおくれているわけではない。彼女も現代ッ娘《こ》として、いっぱしの生き甲斐論や生涯プランをもっている。

地道に生きてきた無難主義の父親に対しても、彼女なりの批判も忘れてはいない。嫁不足の状況や、耕一たちの心情もわからないわけではない。だが、いま初恵の胸をいっぱいにしているのは、東京へ出て歌手になりたい、その一念だけなのである。

昼間は農協の事務員として働いている。朝夕は炊事、洗濯といった家事や雑用もある。夕食後のひととき、帯広にあるスナックに出かけ、そこの備えつけのマイクの前で歌ってくる。歌唱力にちょっぴり自信もついてきた。いきなり大ステージに立てるとは思わないが、どこまでやれるか試してみたい。父ひとりを残して家をとびだしてまで、という二十二才の分別ともたたかっているようである。ここでも作者は初恵が彼女なりの状況分析をくり返しながら、歌うことをやめない、そのいちずなおもいに、やさしい理解の目を注いでいる。

耕一と広が彼女の志望を封じこめ、上京をあきらめさせようと、隠微で卑劣な企てを実行にうつすあたりから、ドラマは劇的な高まりをみせてゆく。

ここで、このドラマの冒頭、愛国駅の窓口に立って、幸福駅行の切符を買う誠太郎という都会青年のことに触れなければならない。列車を待つ間の所在なさを、駅長とのムダばなしで過して出て行ったあたりまでは、ちょっとイキがよかった。だが、再び駅に舞い戻ってきて、いきなり欣造に金を貸してほしいなどと言い、頭ごなしにどなりつけられたりして、すっかりショボクレた風来坊という感じになってしまう。

気のいい駅長の好意で一泊を許されるが、あくる朝は五時にたたき起される。

「どうだ、朝は気持ちがいいだろう、五時に起きたことはあるか」

「いいえ、五時に寝たことはありますけど……」

こんな、やりとりのあと「一宿一飯の恩義ということがある。便所の掃除でもなんでもやれ。それが礼儀というもんだ」

と駅長は、しきりに若者の身勝手を叱る。農業の手伝いでも、なんでもするから仕事を世話してほしい、と神妙なことを言い出したときも、北海道の冬の寒さも知らないで一人前の口を利くものではない、と、都会者の農村生活に対する認識の足らなさを説ききかす。なんでもないやりとりだが、セリフのひと言、ひと言に実感がこめられていて、それが説得力を強める。

駅長の口添えで、ようやく耕一の酪農を手伝うことになるのだが、慣れない乳しぼりや、牛のブラッシング、飼料や、牛糞などの扱い方、誠太郎にとっては、かなりきびしい重労働の日がつづく。疲れて食欲もおきない時もある。

思い出せない献立

山田太一

沢村さんは山田太一作品のファンだった。1990年、代々木上原の家で。

一度だけ沢村さん手づくりの献立をいただいたことがある。代々木上原のお宅だった。勿体ないことに、どうしてもその献立を思い出せない。おいしいワインを抜いて下さった。ところが御夫妻はおのみにならないという。「え？　あ、わたくし、ひとり？　とてもこんなには、とても」とかいいながら、とうとう一本のんでしまった。そのせいもあるかもしれないが、お宅へ行ったのがはじめてでその上御夫君の大橋恭彦さんとはじめて会うというのが主旨で、御馳走まで（くりかえすが勿体ないことに）気が回らなかったのではないかと思う。沢村さんは亭主の客をもてなす女房というように動いていて下さった。

大橋さんは、私がドラマを書き出していくらもしないころ、「暮しの手帖」でほめて下さったのである。コラムというようなものではなく、長くて丁寧な批評だった。嬉しくて礼状をと思ったが、批評家に礼をいうのはどういうものだろうと迷った。けなされた時も手紙を書くか、と考えるとたぶん書かないだろうし、こういう礼状は批評家には迷惑なのではないかと思った。

すると、またほめて下さった。それが何度も続きいくらなんでもずっと知らん顔は失礼だろうと住所を調べて手紙を書いた。すぐお返事をいただいた。そ

右頁／夫の大橋は「暮しの手帖」の連載で何度も山田太一作品を取りあげ、評価した。「暮しの手帖」1978年秋号より。

上／山田太一作のドラマ「冬構え」(1985年)
では笠智衆と共演。写真提供＝NHK

れからしばらく手紙のやりとりがあり、やっと誰だったかに「ああ、沢村貞子さんの御主人ですね」といわれてびっくりしたのである。

長年のペンフレンドがその日はじめて会ったのだった。お互いになんだか照れくさくて、沢村さんが気をつかって下さり、段々に盛り上って行ったのを憶えている。


息が合って力の抜けた気持のいい御夫婦だった。なにより二人一緒にいる日々が大切で外泊ロケのある仕事は断っているとのことだった。

ところが暫くして、東北ロケの多いドラマ「冬構え」に、どうやっても二泊ほどはして貰わないと撮りきれない人物を沢村さんにあてて書いてしまった。脚本を読んで下さい、これをやれる人が他にいますか、という思いだった。沢村さんの生地であり私の生地でもある浅草の匂いを欲しくなったのだった。

と同時に、どこかで、いくら老夫婦とはいえ、まだ両方とも元気なのに、一泊も離れたくないなんて無理のしすぎだよ、と思っていた。江戸っ子だから勢いでそういう宣言をどこかでしてしまい、ひっこみがつかないのではないか。そういうのは周りで無理をいって御破算にしてしまった方がいいんだ、という気持もあったと思う。御亭主の許しが出たのでやります、というお返事をいただき、そのドラマに沢村さんのシーンを得たことは今でも誇りに思うし、無理をいってよかったと考えてもいるが、内心自分の傲慢がはずかしい。

沢村さんは決して、江戸っ子がひっこみがつかないでいるなどということではなかったのだった。

続けて役者を一切やめると宣言し、代々木上原を引き払って葉山のマンションに移ると宣言し、それをどしどし実現なさってしまったのである。

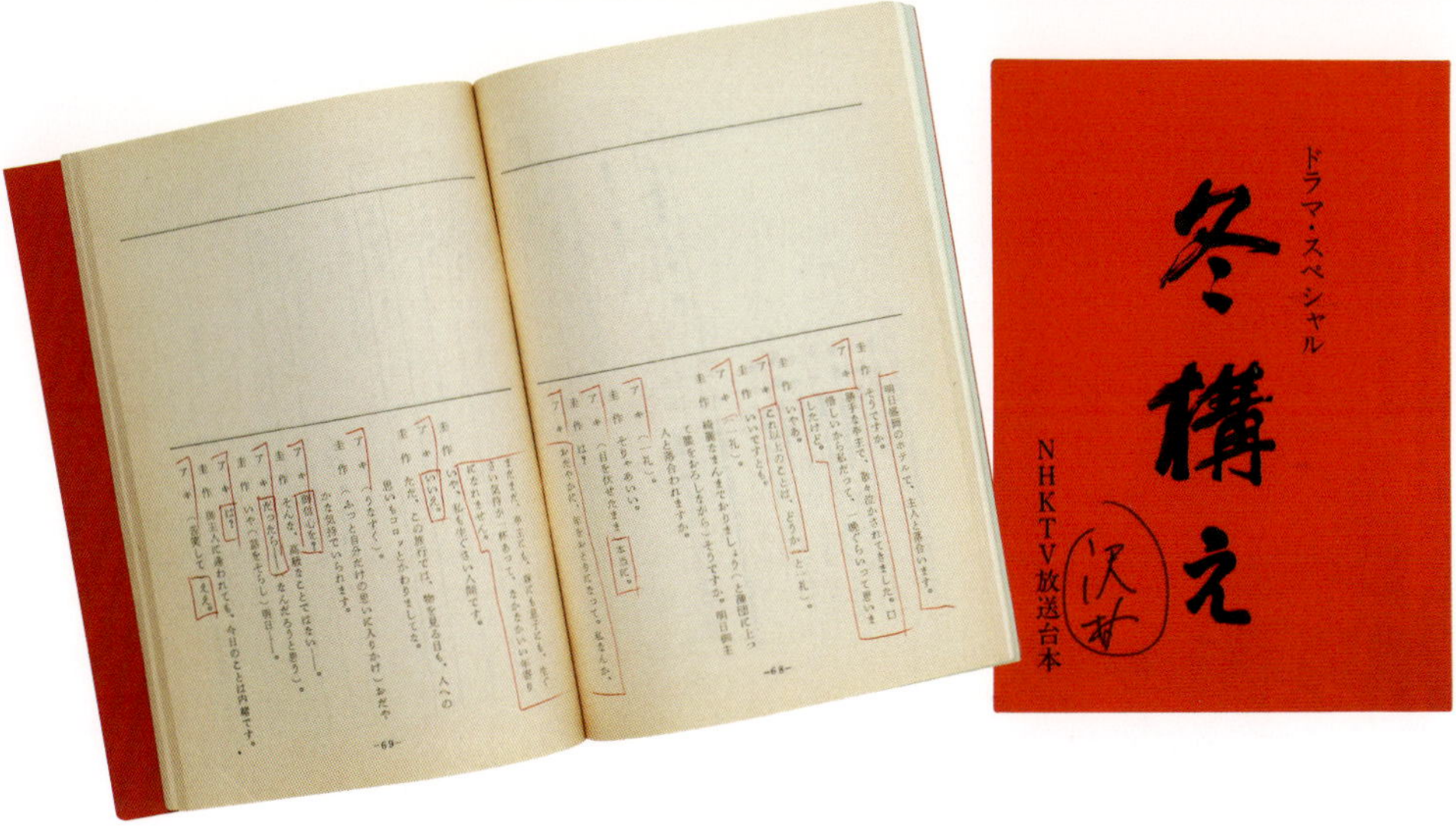

やがて大橋さんが亡くなり、お葬式は内々でなさり、それから沢村さんは電話を下さった。夜だった。不意打ちだった。

「それは――」と私は絶句して「明日お線香上げに伺っていいでしょうか」というと「今日はね（黒柳）徹子さんが来てくれたの。明日はあなたね」とすぐにでも会いたくなるような声でおっしゃった。

明るい海辺のマンションのほどのいい高さの部屋で、沢村さんは、遺影を時々見つめながら、御夫君との出会いからの思い出を話しはじめた。それは心のこもった、情景が細部まで目に浮ぶような話しぶりで、ひきこまれて聞くうち、あ、これは私にいい残そうと思っていらっしゃるのではないか、憶えていて、どこかに書いてよ、本にしてよ、といっているのではないか、とまたまた早とちりの私は身も心も頭も引き緊まり背筋をのばして、メモしたい、忘れたら大変と、すっかり白髪となった沢村さんの美しさにも感嘆しながら暗記に集中する受験生のようになった。帰りのタクシーに乗り込むやノートを出し、京浜急行に乗り替えてからもメモをしまくっていた。

とり越し苦労だった。沢村さんは、御自分でお書きになった。その結婚までの経緯を読むと、改めて一泊でもはなれていたくないという気持や意地や心意気がよく分り、私は自分の軽薄を恥じた。その『老いの道づれ』（岩波書店）も是非とも読んで貰いたい。

私は出版されたことに（勝手に）ほっとして、葉山へお祝いに出掛けた。おいしいお寿司を御馳走になった。でも、これは沢村さんのお献立てではない。代々木上原のメニューはなんだっけかなあ、といまでも時々思い出そうとしている。

上／「冬構え」の台本。沢村さんは出演作の台本を残さない人だったが、唯一の例外がこの作品。

年譜

沢村貞子が語る沢村貞子

明治41年（1908）……0歳

11月11日、東京市浅草区に生まれる。本名は貞子《ていこ》。父は浅草・宮戸座の座付き作者と奥役（劇場を仕切る人）をつとめていた加藤伝九郎、母はマツ。二男二女の二女で、兄・友一（芸名・沢村国太郎）、弟・徳之助（芸名・加東大介）は、ともに映画俳優になった。のちに社会福祉運動家・民俗学者となる姉・せい子（矢島せい子）は幼いころに叔母のもとへ養子に出される。

知らせをきいて、浅草宮戸《みやと》座の作者部屋から、つい目と鼻のわが家に飛んで帰って来た父は、生まれたばかりの私を見て、

「チェッ、女か」

と、言ったという。明治四十一年の末のことである。

〈自分の子どもは、みんな役者にする〉

それが父の悲願だった。口やかましい親類の反対で、どうしても役者になれず、やっと狂言作者として、どうにか芝居道へもぐりこんだときから、父はそう決めていたらしい。歌舞伎役者は男でなければならない……そのころ岩井粂八《くめはち》や中村歌扇《かせん》など、しっかりした女役者もいたが、父の目からはしょせん外道《げどう》である。檜舞台《ひのきぶたい》はふめない。

姉のせい子（右）と。

「フン、がっかりさせやがる」

溜息《ためいき》を吐《つ》いた父は、傍《そば》におとなしくすわっている三つになる私の兄の頭を頼もしそうに撫《な》でるとそのまま、産褥《さんじょく》の母にいたわりのことばもかけずに、さっさと芝居小屋へ戻ってしまった。役者にあらずんば人にあらず、というわが家の家風は、この父によってつくられた。それまでの家系に役者はいなかった。

「生いたち」『貝のうた』

明治44年（1911）……3歳

2月、弟・徳之助誕生。

大正2年（1913）……5歳

6月、長唄と踊りを習い始める。

（略）大正二年の六月六日に、かぞえ年六歳の私は、母に連れられて長唄と踊りの稽古所の門をくぐった。その日に芸事をはじめれば上達する、という言い習わしが、そのころの東京の下町にあったからである。

「兄と弟と」『貝のうた』

大正4年（1915）……7歳

4月、浅草尋常小学校に入学する。

勉強よりも、むしろ学校の雰囲気《ふんいき》が好きだったのだと思う。お稽古所でも家の中でも、私のまわりは、芝居ものと花柳界の人たちばかりだった。その人たちのなまめいた空気が少女の私をなんとはなしに息苦しくさせた。母に似て生まれつき野暮なのか、それとも、父と母の冷たい感情が、しらず

しらずのうちに私の幼い神経に影をさして、そういう空気から顔をそむけさしたのかもしれない。

「兄と弟と」『貝のうた』

大正5年（1916）……8歳

1月、宮戸座で名子役の評判をとった弟の付き人となる。

二年生になった私は、学校が終ると、弟のお弁当をつくって母と交替した。小さい「付《つ》き人《びと》」である。遊び盛りの弟は、一度舞台から引っこむと、楽屋裏をとびまわったり、うとうとと寝込んでしまって、次の出場《でば》をとちったりする。付き人としては目がはなせなかった。退屈しないように、舞台裏のすみで、折り紙をしたり、お話をきかせたりして機嫌をとった。そのお話に自分も夢中になって出のきっかけをとちりそうになり、頭取《とうどり》に頭をこづかれたこともあった。二人で未来の希望を語りあったのも、そのころであった。

「兄と弟と」『貝のうた』

大正10年（1921）……13歳

4月、東京府立第一高等女学校（現・都立白鷗高校）に入学。

学校の帰り道、雷門の本屋へ寄るのが楽しみだった。その当時、一冊一円で売り出された全集を「円本《えんぽん》」と呼んだ。「現代日本文学全集」につづいて、あちこちの出版社から出されたこぶりの綺麗な全集を、私はせっせと買い込んだ。机を置かせてもらった玄関の三畳の壁際にずらりと並べた本を見て、父は、

「貸し本屋じゃあるまいし、色気がない」

と眉をひそめたものだった。

（人間は何のために生きているのかしら？これからどう生きたらいいのだろう？）

年ごとにふくらむ疑問に、この本が少しずつ答えてくれるような気がした。

「わたしの乱読時代」『老いの楽しみ』

父も母も、それからの私の長い学校生活の間、一度も学校へ来たことはなかった。どこにあるのかも知らなかったと思う。

学期末になっても、誰も通信簿をみてくれる人はいなかったから、成績はどうでもよかった。おかげで私は、自分のしたいように勉強した。さびしくはあったが、私なりに優雅な生活だった。

「知りたがりや」『私の浅草』

大正12年（1923）……15歳

9月、関東大震災発生。母の実家の群馬県吉井町に一時身を寄せたのち、同級生の家に下宿して学校に通う。

大正13年（1924）……16歳

学費を得るために家庭教師をはじめ、初代沢村宗之助の四人の子どもの専属家庭教師になる。同年に沢村宗之助が急逝するが、その後も貞子が新築地劇団に入るまで家庭教師を続ける。

まだ若いこの名優の悲劇的な死は、すべての歌舞伎関係者とその愛好家たちから痛惜された。役者というものは、その死とともにすべてが失われる。書いた本も、描い

東京府立第一高等女学校の卒業写真。

た絵も残らない。そのからだ一つが資本であり、会社も工場もその肉体のなかにあるのだから、子孫にゆずりわたす何ものもない。未亡人とそのこどもたちが、今後の歌舞伎界で生きる道はけわしく、きびしいに違いない。葬儀ははなやかだった。飾りきれないほどのたくさんの花輪、荘重な読経、参列する有名な歌舞伎役者たちを一目みようとむらがる町の人たちを眺めながら、私は、役者の一生というものをぼんやり考えていた。

「家庭教師・女子大時代」『貝のうた』

昭和元年（１９２６）……18歳

女学校の教師を志望して、日本女子大学師範家政学部へ入学する。

　私は、女子大へ行ってよかったと、いまもおもっている。たんに知識を得るだけなら、そのころの、あの程度のものを学ぶだけなら独学でもできたかもしれない。〈学校生活は一年の勉強ですむものを四年に引きのばしている〉などと、生意気に溜息をはいたこともある。でも、それはまちがっていたと思う。運よく学生生活をおくることができたからこそ、私は、私の青春を充分なやむことができたのである。

「家庭教師・女子大時代」『貝のうた』

昭和4年（１９２９）……21歳

教師に失望し、役者をめざす。築地小劇場の女優・山本安英《やすえ》に手紙を出し、新築地劇団の研究生に応募、在学のまま研究生となる。

沢村貞子《ていこ》を芸名として、5月の築地小劇場での旗揚げ公演、金子洋文作『飛ぶ唄』のラシャメンと芸者、片岡鉄兵原作・高田保脚色『生ける人形』の電話交換手で初舞台をふむ。

7月、プロット（日本プロレタリア劇場同盟）傘下の左翼劇場との接近から、新築地劇団が急速にプロレタリア演劇運動へ傾斜したため、大学から退学か退団を迫られる。

　たった一人の先生の、たった一つの言動から教師と教育界に対する幻滅を感じた私は、これならいっそ、役者の世界の方がましなくらいだ、とおもった。喜怒哀楽、嫉《しっ》妬《と》羨望《せんぼう》をたがいにむきつけにあらわしているだけ、むしろ素朴で正直だというのが、当時二十歳の私の、単純な、飛躍的な結論だった。

「山本安英さんに導かれて」『貝のうた』

昭和5年（１９３０）……22歳

3月の大学卒業直前、前年に提出されていた退学届けが受理される。

4月、劇団員に昇格。左翼演劇に対する官憲の介入が激化する。

昭和6年（１９３１）……23歳

5月、新築地劇団はプロットに加盟。プロレタリア演芸団に心ならずも移籍し、工場や農村で扇動と宣伝のための演劇活動を行う。

秋、プロットの演出家・杉本良吉に強くすすめられ、今村という男と結婚。

　杉本さんは、黙ってつっ立っている私に、

「よく考えてみてくれないかな」

と、いつものやさしい声で言った。「杉本エロ吉」とあだ名され、そのまわりには、絶えず劇団の若い女の子がつきまとっている人だったが、文化運動に関しては、すばらしい指導者だったらしい。

「今村君は、われわれの運動にとって、大切な人なんだ……ね、わかっているよね」

　私は、この結婚はもう、えらい人たちの間でちゃんと決められているような気がした。そして、今度のこの宣言は、いくら私がじたばたしても、けっして断わることができないだろうと感じた。

「赤い恋と青いリンゴ」『貝のうた』

昭和7年（1932）……24歳

1月、新結成の移動演芸団・メザマシ隊に入り活動を続ける。

3月、プロットも加盟していたコップ（日本プロレタリア文化連盟）の検挙の際、治安維持法違反容疑で逮捕され、築地警察署に留置される。2カ月近く拘留ののち起訴され、市ヶ谷刑務所へ未決のまま収監される。

ある日、あんまり悲しくなったとき、机の前にすわったまま、舌をペロリとできるだけ長く出し、両ひじを脇につけて、手先きをひらいて鳥のようにバタバタさせながら、

「ウワーッ、ウワーッ！」

と泣くまねをした。泣き声を外へ漏らすまいという、せっぱつまった思いつきである。

この〈地獄のあほう鳥〉と自分で名づけた怪鳥の真似は、思いがけない効果を私にもたらした。独房の中で赤い舌を長く出し、大きな目をむいて、手先きをバタバタやっている若い娘の姿を想像すると、われながらおかしく笑いがこみあげてきて、悲しさがどこかへ飛んで行ってしまった。これはほんとに妙案だった。

私はそれ以後、涙があふれてくると、この格好をした。

「蚊がすりの壁」『貝のうた』

昭和8年（1933）……25歳

4月、10カ月半の独房暮らしののち、転向を声明。今村との離婚も条件に保釈される。

6月、公判で転向声明をひるがえして保釈取り消しとなるが、地下活動に入り、1週間後に再び逮捕。築地署に留置されたのち市ヶ谷刑務所に戻される。

12月、公判で転向を声明、懲役3年、執行猶予5年の判決を受けて釈放される。

「人間は弱いもの」

それは、私自身にも返ってくることばである。自分の願いが真実だったら、たとえ夫、指導者、同志たちのすべてから、裏切られても、たったひとりになったとしても、その道をまっすぐに進むべきである。たしかにそれは、頭の中でわかっていた。わかってはいたけれど……私はもうできない。そう感じた。私のからだから、手足から、すべての力がどこかへ抜けて行ってしまった。

〈これが、筋金のはいっていないお嬢さんというわけなのか……〉

私は恥ずかしかった。卑怯《ひきょう》だと思った。けれど私は、そのみじめな気持ちからもう一度立ち上がる自信を失ってしまった。

「挫折して……」『貝のうた』

昭和9年（1934）……26歳

身を寄せた先の兄・沢村国太郎のすすめもあり、5月、日活太秦《うずまさ》現代劇部へ月給60円で入社する。

伊賀山正徳監督『野の光』の酌婦役でデビュー。日活現代劇部が新設の多摩川撮影所へ移転。貞子も上北沢に小さい平屋を借りて、そこから通う。

日活の映画女優になった1934年頃。

だいたい、頭で芝居をするといわれたっていいじゃないか。役者にとって、理解することが悪いとは思えない。問題は、その理解が浅薄だということである。中途半端な知識しかもっていないから邪魔になる。これからはもっともっと本を読んで、充分に、的確に理解できるようにしよう。

（略）

私としては、役者の家に生まれ、そのきびしさを知っているからこそ、脇役をのぞんだのである。映画スターにはいろいろの条件が必要である。その第一は、美しく魅力的でなければならない。私は、自分の顔を、鏡の前でつくづく眺めた。それは、どうひいき目にみても、観客がお金を払ってまで見たいと思う顔ではなかった。

「映画女優誕生」『貝のうた』

昭和11年（1936）……28歳

12月、P・C・L（のちの東宝）の俳優・藤原釜足（戦中は鶏太に改名）と結婚。翌年に『うそ倶楽部』で共演。

昭和12年（1937）……29歳

1月、撮影所から「精励にして恪勤なり」と表彰を受ける。

世田谷に土地を購入して家を建て、両親、弟夫婦と同居する。

昭和13年（1938）……30歳

田坂具隆監督『路傍の石』での演技で、性格俳優として注目される。

9月、倉田文人監督『北へ帰る』出演を最後に日活を退社。藤原釜足のいる東宝映画へ転じ、佐藤武監督『チョコレートと兵隊』で釜足と共演したのをはじめ、多数出演。

昭和15年（1940年）……32歳

新築地時代の恩師ともいうべき丸山定夫と再会、矢倉茂雄監督『遥かなる弟』と島津保次郎監督『時の花形』で共演。

昭和17年（1942）……34歳

東宝を退社。藤原鶏太と舞台に転じる。

6月、浪花座、京都・松竹劇場に出演する。

昭和18年（1943）……35歳

兄・沢村国太郎が前年に結成した新伎座に応援を頼まれて加入。大阪・松竹劇場、大阪・弁天座、京都座などにも進出。巡業中に空襲にあう。

この炎は、本物である。運動靴の裏も、頭巾の中の髪の毛も、焦げそうに熱くなってきた。どうやら、私の一生もこれで終わりらしい。なんだか、ウロウロして、おかしな一生だった。でも、私としては一生懸命生きてきたのだから、あきらめなくちゃ……それにしても、人間はなぜ、戦争をしなければならないのだろうか。戦争をする、と決めた人たちは、ひとりも、こんな死に方はしないのだろうな……。

「戦争がはじまる」『貝のうた』

昭和20年（1945）……37歳

7月、三重県四日市市で爆撃を受け、荷物がすべて灰になる。

11月、のちに夫となる、都《みやこ》新聞の記者で2歳年下の大橋恭彦と出会う。

夫婦というのは、神さまが赤い糸で結んだ男女——と言うけれど、私たちの場合、神さまの気まぐれか、それともちょっとした間違いで、その糸を、十本も二十本も、まとめておつかいになったのではないかしら。京都座の楽屋へ、初めて顔を見せたあなたに——その頃、なかなか手にはいらなかった薄茶と羊かんを、なんのためらいもなくすすめたり……舞台が休みになると、あなたといっしょに、いそいそと散歩に行ったのも……その、太い糸のような気がします。

「神さまの赤い糸」『老いの道づれ』

昭和21年（1946年）……38歳
上京し、大船撮影所での仕事が始まる。大橋は新聞社を退社し、貞子を追って上京。東京・経堂で生活を始める。藤原と離婚。

昭和22年（1947）……39歳
父・伝九郎、84歳で死去。
11月、松竹京都の『それでも私は行く』にフリーで助演して映画にカムバック。以後、60年代前半まで、年間2桁の出演本数を記録。さまざまな役柄で日本映画を代表する名脇役女優として活躍する。

大橋恭彦と。ともに住みはじめた頃。

渋谷区西原へ転居。
大橋、共立通信社を設立。

それでも——休むの、やめるの……とも言わず、かれこれ一年あまりつとめた頃——経堂から、渋谷西原の家へ引っ越すことができました。運よく、私の仕事がつぎつぎとつづいたからでした。同じように古い家だけれど、かなり広いし、庭には白梅、紅梅、藤棚もあるのが嬉しく、門柱の表札には、あなたのみごとな字で、大きく「大橋」左下に小さく「沢村」。世帯主はあなた。

「給料は一つ壺に」『老いの道づれ』

昭和29年（1954）……46歳
大橋、雑誌「映画芸術」を主宰。のちに社員との騒動があり、権利を手放す。

昭和31年（1956）……48歳
木下恵介監督『太陽とバラ』、溝口健二監督『赤線地帯』、丸山誠治監督『現代の欲望』、成瀬巳喜男監督『妻の心』の演技で毎日映画コンクール女優助演賞を受賞。

昭和32年（1957）……49歳
母マツ、84歳で死去。

昭和36年（1961）……53歳
NHKの長編ドラマ『若い季節』に出演。

ちょうど、その頃から、あちこちの家の茶の間にテレビが置かれるようになり、テレビドラマの人気が出て、フリーの俳優はむやみに忙しくなったけれど……でも、私にとっては、その方が楽でした。どこのテレビ局も、撮影所よりずっと近いし、開始時間も遅いので、朝、ゆっくり、あなたの夕食の用意をしてゆかれましたからね。ただ、リハーサルの時間がすくないので、その日の台詞はすべて、キチンと頭にいれてゆくようにしたものです。

「テレビと五社協定」『老いの道づれ』

昭和41年（1966）……58歳
4月、献立日記を書き始める。

最初は、仕事をもつ主婦のほんのちょっとした思いつきだった。
あの頃《ころ》は、夫婦とも忙しかった。家人は月刊雑誌「映画芸術」の発行で目がまわるようだったし、私は私で、テレビの連続ドラマ——TBS「青年の樹《き》」、NHK「あしたの家族」につづいて、大映映画「悪名桜」、松竹映画「紀ノ川」と追いまくられていた。お互いに、丈夫とは言えないもの同士——なんとか、無事に働くためには食物がなにより大切、ということは身にしみてわかっていた。とにかく、おいしく食べなければ……それだけだった。

「わたしの献立日記」『わたしの献立日記』

昭和43年（1968）……60歳

大橋の前妻への慰謝料送金が終了し、正式な夫婦となる。

昭和44年（1969）……61歳

11月、初のエッセイ集『貝のうた』（講談社）刊行。

私が、なにやかや——雑文を書くようになったのは、殿（注・大橋のこと）のすすめだった。

ちょっとしたことから、半生記『貝のうた』を出版したあと、暮しの手帖社の花森安治先生のおすすめで『私の浅草』を書くはめになったが——あのときも、そののちも、つづけて身のまわりのことを書くように、しきりにはげましてくれたのは、殿だった。

花森先生は、

「ものを書く男は、たいてい、女房が筆をもつのをいやがるものだが——おたくの旦那は、やさしいのかね」

そうおっしゃった。

たしかに、やさしかった。多分、六十歳になって、初めて筆をもった妻を、なんとか、応援してやりたい——そう思ったのだろう。

「逝ってしまったあなた」『老いの道づれ』

昭和49年（1974）……66歳

11月、兄・沢村国太郎が69歳で死去。

昭和50年（1975）……67歳

7月、弟・加東大介が64歳で死去。

昭和51年（1976）……68歳

『私の浅草』（暮しの手帖社）出版、翌年、日本エッセイスト・クラブ賞受賞。

昭和53年（1978）……70歳

1月、帝劇での「紀ノ川」出演を最後に、舞台から引退。

2つの自伝的著書をもとに、NHKの連続テレビ小説「おていちゃん」放送。若き日の貞子は友里千賀子がふんした。

数年前、NHKテレビ「おていちゃん」が放映されていたころのこと——私はマネジャーのYさんと、街でひろったタクシーの中で仕事の打ち合わせをしていた。

若い運転手さんはしきりにバックミラーをのぞいていたが、その話を小耳にはさんだのか、突然、ふりむいて声をあげた。

「アッ……お客さん、沢村貞子さんですね。テレビのおていちゃんって、沢村さんの話だって——ほんとですか？」

（略）

ブラウン管のおていちゃんは、つまり、彼のあこがれの恋人というわけだった。そのあこがれの君が——ほんとは、こんなばあさんだったなんて……夢と現実が入り乱れて、どうやらガックリしてしまったらしい。

「たしなみ」『わたしの三面鏡』

昭和55年（1980）……72歳

第31回NHK放送文化賞受賞。

昭和63年（1988）……80歳

1月、実姉の矢島せい子が84歳で死去。

平成元年（1989）……81歳

NHKドラマ「黄昏の赫いきらめき」出演を最後に、女優業を引退して執筆活動に専念。11月30日、引退記念パーティを行う。

一九八九年の末、女優稼業の店じまいをした私のために、友人たちがお別れの会をひらいて下さった。ふだんから、人づきあいの悪い私のこと――引退したら、多分もう逢うこともないだろうから……という皆さんの優しいお心づかいが嬉しかったが、開会直前の記者会見というのは、ちょっと恥ずかしかった――六十年近くの役者生活になかったことだし、急にスターになったような気がして……。

あれこれ、聞かれるままに答えているうち、その中のお一人が、

「この間、有名歌手が、ふつうのおばさんになりたい、と言って引退したが、あなたも同じ気持か？」

とおっしゃったので、あわてて、

「いいえ、そんなこと思っていません、私は昔からずっと、ふつうのおばさんですから」

その返事がおかしい、と皆さん大笑い。会見はおしまいになった。

「普通《なみ》の暮らし」『老いの楽しみ』

平成2年（1990）……82歳

終の住処となる横須賀市秋谷のマンションへ転居。

あれは、梅雨空がどんより曇った日だった――東京の家の縁側で新聞を読んでいた家人が、フッと言いだした。

「……もう、あと、いくらもない人生だからね、どこか、海の見えるようなところでのんびり暮らしたいなあ、そうすりゃあ、つまらない欲や見栄もなくなって、ごく自然に幕をしめることができるような気がするしね」

「え？　海の見えるところって、どこへ？」

引っ越しなど、夢にも思わなかった私は、とまどったが、家人は本気らしかった。

「どこでもいいけど、とにかく、お互いにもう、都会の真中で頑張っていることもないんじゃないかねえ、文字通りの余生なんだから……」

「執着・みれん」『老いの楽しみ』

平成6年（1994）……86歳

「二人の五十年史」の夫婦共同執筆を約束しながらも、夫・大橋恭彦がその第1回を執筆してすぐ、7月に死去。

平成7年（1995）……87歳

最後の著書となる『老いの道づれ』刊行。

平成8年（1996）……87歳

2月、「徹子の部屋」に出演。最後のテレビ出演となった。

8月16日、急性心不全で永眠。享年87歳。葬式は出さず、9月19日、夫の遺骨とともに相模湾に散骨された。

「どっちが先へ逝っても、葬式一切、しないことにしようね」

それが、私たち夫婦の約束――言い出したのは、あの人だった……十年ほど前、東京の家で……。

（略）

「お墓もいらないと思うんだけど……」

海を眺めながら、そう言ったのは私だった。

「もしかして、あなたが先へ逝ったら、お骨《こつ》をきれいな壺にいれて、居間へ飾って、私が死ぬまでいっしょに暮らすわ――私も骨になったら、あなたの骨といっしょにして、海へ投げこんでもらいましょうよ。ホラ、いつもきれいな夕陽が見える、あの海の向うへ……粉にした骨だけなら、お魚の邪魔にもならないでしょう――ねえ、そうしちゃいけないかしら……」

「逝ってしまったあなた」『老いの道づれ』

本書の本文中、黒柳徹子「初心を貫いた人――私の『母さん』」は「yomyom」第22号（2011年）、森まゆみ「浅草の味」は「東京人」第186号（2003年）掲載の文章に加筆したものです。他は本書のための書下ろしです（沢村貞子の引用以外）。

写真
青木登　p1-3, 10, 12-13, 16-17, 20-85, 89, 95, 114, 117, 128
笹本恒子　p4, 7, 90-93
山崎洋子（提供）　p8, 14, 100-101, 108, 115, 118-123
篠山紀信　p9, 86, 94
菅野康晴　p11
婦人之友社（『明日の友』78号）　p19
NHK　p116

協力
山崎洋子

編集協力
井出幸亮　猿田詠子

ブックデザイン
大野リサ+川島弘世

シンボルマーク
久里洋二

「とんぼの本」は、美術、歴史、文学、旅をテーマとするヴィジュアルの入門書・案内書のシリーズです。創刊は1983年。シリーズ名は「視野を広く持ちたい」という思いから名づけたものです。

とんぼの本

沢村貞子《さわむらさだこ》の献立日記《こんだてにっき》

発行	2012年 9月20日
8刷	2018年 6月30日
著者	高橋《たかはし》みどり 黒柳徹子《くろやなぎてつこ》 山田太一《やまだたいち》 笹本恒子《ささもとつねこ》 ほか
発行者	佐藤隆信
発行所	株式会社新潮社
住所	〒162-8711 東京都新宿区矢来町71
電話	編集部 03-3266-5611 読者係 03-3266-5111
ホームページ	http://www.shinchosha.co.jp/tonbo/
印刷所	大日本印刷株式会社
製本所	加藤製本株式会社
カバー印刷所	錦明印刷株式会社

ISBN978-4-10-602236-4 C0377